9日間 書き込み式

妄想 ▼ 現実化 notebook

かずみん [著]

はじめに

起きた出来事に、ただ反応するだけ。
「これから、どんなことが起きるんだろう」と、ただ現実で起きることを待つだけ。

そんなふうに受け身でいるんじゃなくて、自分自身が、「自分の人生」や「自分の世界」をぐいぐい引っ張っていきましょう。今、いろいろなことが起きているからこそ、しっかりと自分の心を見つめ、主導権を握って欲しいのです。

それにはまず「願って叶える」前に、自分の心を「知る」ことが大切です。

今、自分はどんなことを思っているか。
無意識でいる時、どんなことを考えている時間が長いか。
頭に思い浮かべている場面は、どんなものが多いか。

自分の思考の癖と、願いを「知る」。
本書では、この部分は「書く」ことに重点を置き、自分の心を掘り下げていきます。

それから「願う」。「願う」のと同時に「叶った状態になる」のが、私の引き寄せ方法です。その「なる」方法は、言わずと知れた妄想ですね！

本書では、具体的な妄想方法についてこれでもかというほど詳しく書かせてもらいました。妄想を難しく考えている方もいるかも知れませんが、「妄想ってこんな感じでいいんだ」と気持ちを緩めてもらい、自分専用の幸せな妄想を楽しんでもらうことが目的です。

だけど、最終ゴールは「妄想が上手になること」ではなく、「願いを叶えて幸せになること」ですね！ 知っただけ、読んだだけでは自分の現実は変わりません。読んだら、まずはやってみる！ 自分の手も、足も、頭も動かす！ それを一時的じゃなくて、継続することで、確実に現実は変わっていきます。

このワークブックを通して、皆様の目の前に本当に体験したい世界が現れることを、私も信じています。

Contents

〈1日目〉

妄想が
現実になる理由

この世界の「物質」は、すべて誰かが
「こういうものがあったらいいな」
と思うことから始まっています。
テレビも、パソコンも、スマホも、冷蔵庫も、コップも、本も、全部、自然に
生まれたものではないですよね？

人は、絶対に不可能なことは想像できないようになっています。
「創造できない」は、イコール「想像できない」なんです。ということは、

「創造できる」は「想像できる」。
妄想できることは創造できる＝現実になる、

ということなんですね！！

「こんなものがあったら、もっと生活が便利になるな」
「こんなものがあったら、もっと人生が楽しくなるな」
誰かがそう感じた思いがエネルギーに変わり、具現化し、物質となって誕
生します。

4

これは、ふわふわとした「何となくそうなる気がする」というお話ではありません。

量子物理学者たちは、この世界が原子より小さな量子で満たされていることを発見しました。

この量子は、いつでも物質に変わる準備をしています。

そして、この量子は人間が考えているエネルギーに反応するという事実も明らかにされています。

人の「思い」というエネルギーも、物質に変化する。

物理学から見ても、そのように認められているんです！

それならば、**自分の「思い」も「願い」もエネルギーに変えて、形あるものに変えていきましょう。**

皆さんも**『集合的無意識』**という言葉を聞いたことがあるかと思います。

急に友人の顔が頭に浮かんだその直後に、その友人から電話がかかってきたり。

誰かの話をしていたら、その当人がやってくるという「噂をすればやってくる」出来事が本当に起きたり。

これらは集合的無意識によるもので、**「人の意識は深層の部分ですべて繋がっている」**と考えられているからなんです。

私が「本を出したい」と願ったその瞬間に、「面白い本を書くんだ！」という
エネルギーが私の体から放たれました。

そのエネルギーは、私と同じように「面白い本を作りたい」「面白い本のイ
ラストを描いてみたい」「面白い本をデザインしたい」「面白い本を売りた
い」「面白い本を読みたい」と思っていた人たちの無意識下に届きます。

そして、本を書く著者、編集者、イラストレーター、デザイナー、印刷会社、
書店員、読者…など、多くの人の「面白い本を作るんだ！」「面白い本を読
むんだ！」というエネルギーが一つになり、「面白い本」という一つのゴール
に向かって動き始めます。

**自分の現実をつくり出せるのは自分ですが、自分一人だけの力で
はありませんよ！**

自分の願いに応じて、「私もその願いを一緒に叶えます！」「その願望実現、
ノリます！」と手を差し伸べてくれる大勢の人が現れるんです。

それはもうまるで、フェアリー・ゴッドマザーがシンデレラにドレスとガ
ラスの靴を用意し、カボチャを馬車に変え、ネズミを馬に変身させたよう
に、見事な連携プレーで。

手を差し伸べてくれる人も、「あなたの願いを叶えるため」に動いているつ
もりは全くありません。**その人はその人で、「自分の願いを叶えるため」に
動いているのに、知らず知らずのうちにあなたの願いを叶えるために手を
貸してくれたことになっているのです。**

恋愛も、同じです。

「素敵な恋をするぞ！」というエネルギーを放ち始めると、

「素敵な恋がしたいなあ！」

と思っている誰かとのエネルギーがバッチリ合い、素敵な恋が叶うことになります。

「妄想したらそれが現実になる、なんて言うけど、私の妄想が現実になったことなんてないわ」と感じる方もいるはずですね。

「妄想したからそれが現実になる」というわけではなくて、重要なポイントは

「妄想しながら感じている 自分のエネルギー」

にあります。

（「エネルギー」という言葉は、「波動」「周波数」と言い換えても問題ありません）

また、

自分が持っている思い込みや概念も、 現実をつくっていきます。

「私はモテない」と思い込んでいれば、モテない現実がやってくるし、「私はお金に苦労する」と思っていれば、お金に苦労する現実がやってきます。

「男性は浮気をする生き物」「お金は簡単には入ってこないもの」という固定概念を持っていれば、これもその通りの現実になっていきます。

自分の中の、どの思い込みにエネルギーを注ぐか。
世間が当たり前のように採用している概念を、自分は採用するか、しないのか。
それらはすべて、自分が選ぶことができます。

未来は、いくつも存在しています。
未来も、それぞれ違うエネルギーを持っています。
最高に幸せな未来と、そこそこの未来と、最悪の未来。
未来はもうすでに用意されて決まっているわけではなく、自分自身が毎秒、つくり、選び続けています。
最高に幸せな未来を体験したければ、自分が「幸せ！」と感じるエネルギーでいる時間を長くする。
そうすることで、最高に幸せな未来とのエネルギーが引き寄せあい、最高に幸せな未来がやってきてくれるのです。

テレビで見たいチャンネルに合わせたら、見たい番組が映るように、自分と同じエネルギーのものがやってくるのは、ごく当たり前のことなんです。
こない方が逆にコワイ！　ことなんですよ。

こうしてみると、今の自分のエネルギーを整える、いいエネルギーを維持するということは、幸せな未来へのチケットとも言えますね。
その自分のエネルギーをより良いものに変える方法として私が推奨しているのが、

言わずと知れた妄想なんです！

自分の頭の中で幸せな場面を思い描き、妄想することは、**「将来、私はこんなことを体験するよ」**という予告編になります。

「こうなって欲しくない」

「こんな未来だけは嫌だ」

と、望んでもいない未来を必要以上に恐れ、何度も妄想することは、望まない未来とのエネルギーがバッチリ合ってしまうことになります。

苦手な人ほど、街でばったり会ってしまう。

不安なことほど、的中してしまう。

残念ながらこんな経験、ありますよね。

「来るな」「嫌だ」「怖い」と言いながらも、それに意識を向ければ向けるほど、その対象のものに「おいで〜」と言っているようなものなんです。

望まないことや苦手なものを頭の中からゼロにするのは難しいですが、自分が好きなもの、望むことに目を向けることを意識していきましょう。

ただ現実になっていくのは、意識して前向きに過ごしていたり、幸せな妄想をして幸せな波動になっている1時間ではなく、無意識に過ごしている23時間です。幸せな妄想の時間を増やしながらも、無意識を変えていく。

無意識を変えるには、自分の無意識に入っているものを変えていく方法と、無意識の時間を意識的に幸せなものに変えていく方法があります。

では、まずは自分の無意識を「知る」ことから始めましょう。

自分の現実をつくっているのは、自分の思い込みや採用している概念、自分のエネルギーでした。

自分で意識的に「お金持ちになるぞ！」「素敵な人と幸せになるぞ！」と思ったことではなくて、油断している時の自分の思いを探ってみます。

ここは正直に、「こうありたい」と思う自分の回答ではなくて、今の自分で答えてください。

ぜひ、一度きりで終わりにするのではなく、何度かこのワークをしてみてくださいね。

Q 朝起きてすぐ、どんなことを思いましたか？

Q テレビで、びっくりするくらい素敵な男性と結婚した女性が
インタビューを受けています。それを見てどう思いましたか？

Q 雑誌に、ずっとあなたが欲しかったものが紹介されていました。だけど、少しお値段は高め…。どのように感じましたか？

Q 電車が10分遅れている時、あなたは何をして過ごしますか？

Q 入浴中、あなたはどんなことを考えていることが多いですか？

朝起きた瞬間は、まだ自分で自覚できる顕在意識もはっきりと目覚めていません。そのために、自分の本当の思いがあらわれやすいのです。

「あーあ、今日も仕事イヤだなあ」と感じたなら、自分の中に「仕事は楽しく

ない」という思いがある、ということになります。

「もう少し寝ていたい…」とは私も毎朝思っていますが、憂鬱な気持ちだったり、心配事が真っ先に思い浮かぶようであれば、あなたの「無意識に入っているもの」はあまりいいものではないかも知れません。

素敵な男性と結婚した女性を見て、**「ふん！　自慢しちゃって」**と感じたり、**「私はこんな素敵な人と結婚できない」**と感じたなら、「私は素敵な恋ができない」という思いがどこかに隠れているということになります。

欲しかったものを見て**「でも私には無理、買えない」**と感じたら、「お金がない」「私に高いものは必要ない」という思いが潜んでいたり、諦めグセがついているかもしれません。

電車を待っている時や、ふとした空き時間ができた時、無意識のうちにスマホを取り出してはいませんか？

それが、本当に目的があってスマホを取り出したならいいんです。気になる情報を集めたり、ゲームを楽しむ時間も必要ですよね！
ですが、特にやりたいこともないのについついスマホを触ってしまう…という場合は、その時間を妄想に使いましょう。

「何となく暇つぶし」の時間を、
「未来をつくる時間」に変えるのです。

入浴中は、リラックスできる時間ですね。

リラックスタイムは、考えていることや思い描いたイメージが潜在意識に届きやすい時間です。

そんな癒しの時間に、今日あったイヤなことを思い出したり、そっけない彼の態度を思い返してしまうと、「こんな現実をまたください」とオーダーしていることになってしまいます。

入浴中は幸せな妄想に包まれるか、ただお湯に包まれている感触に浸って、何も考えずに頭を空っぽにしてみましょう。

無意識は「心の保管庫」とも言えます。

無限に、床下収納が広がっているようなイメージです。

もちろん、心の保管庫である無意識をすべてポジティブなもので占めることはできません。

ですが、無意識をポジティブなもので60％占めるようになれば、60％の確率でポジティブなことが現実になります。70％になれば、70％の確率です。

濁った水が入ったコップの中にきれいな水を注いでいくと、多く注げば注ぐほど、濁った水は溢れ出していき、コップの中はきれいな水に変わっていきます。

自分の無意識をコップ、自分の現実をスクリーンとした時に、自分のコップはそのままスクリーンに反映されます。

無意識は無限の保管庫ですから、どんな情報もすべて蓄えていってしまい

ます。
マイナスの思いを何とかしよう、やっつけようとするよりも、きれいな水を注ぐように、プラスの思いをどんどん入れていきましょう。

幸せそうな人を見て「ふん！」と思ってしまっても、「いいなあ。私も幸せになろう」と呟いてみる。
自分にダメ出しはしない。
心配事が浮かんだら、それが解消した場面を妄想する。
「仕事、イヤだなあ」と感じたら、「じゃあ私はどんな仕事をしたいのかな？どんな仕事だったら、楽しくできるかな？」と自分に問いかけてみる。

無意識を垂れ流しにしないで、しっかり見張ってあげてください。
現実をつくっているのは、この無意識の部分です。
無意識も、言葉を変えたり、行動を変えることで、必ずより良いものに変えていくことができます。

では次に、無意識の時間を意識的に幸せなものに変えていく方法を見ていきます。

Work 2 〉 自分を幸せで満たしていく

何となく無意識に過ごしている時間を、幸せな時間に変えていきましょう。

幸せな時間といっても、そんなに難しく考えないでくださいね。

今、自分の心がちょっぴり嬉しくなることをする。

自分がホッと安心できることをする。

自分の心がワクワクするようなことをする。

ただ、そんな時間を増やして欲しいんです。

 今、あなたの心を幸せにしてくれるものを、
思いつく限り挙げてみてください。

（例）家族。飼っているペット。好きな人。好きなアーティスト。好きな作家さんの本。好きなテレビ番組。好きな映画。美味しい食べ物。コーヒー。コスメ。お気に入りの動画。

Q これから1時間、好きなように時間を過ごせるとしたら、何をしますか?

（例）好きな漫画を読む。お気に入りの場所に行って散歩する。好きな人と電話をする。お昼寝する。飼っているペットと遊ぶ。次の週末の予定を立てる。

Q 今、自分を幸せにするために、何をしますか?

（例）好きなアーティストの曲を聴く。好きな人と行きたい場所のガイドブックを眺める。ホットミルクを飲む。好きな香りのハンドクリームを使う。波の音が聞こえる癒し動画を見る。好きな人の写真を見る。

ここで書いたような時間を、意識的に増やしてください。

今感じていることが、
次の現実を連れてきます。

自分の大切な時間を「嬉しい」「ワクワク」「幸せ」でいっぱいにしてあげてください。

「私は今、自分がしたいことをしている」「今、幸せだなあ」と感じている時間が長いほど、自分がしたいことをできる毎日と、幸せを感じる日々がやってきます。

ホッとしあわせ♪

〈2日目〉

「今の現実」と
「望み」を知る

では、さらに自分の深層心理を探っていき、

「自分を知る」→「願う」→「実現させる！」

という順で、やっていきますよ！

さて、今のあなたの脳内を覗いてみましょう。

あなたの脳内にあるものが、そのまま現実に反映しています。**現実は、自分の内側の映し鏡**なんです。

それではまず、私の脳内を見てください。

これは、
5年前の私の脳内です。

子供のことと、お金がない生活に対しての不満、そして健康と美容面での心配事

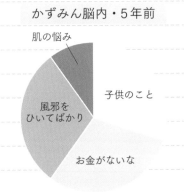

かずみん脳内・5年前

肌の悩み

子供のこと

風邪を
ひいてばかり

お金がないな

が脳内を占めています。

そしてこの脳内通りに、お金がない現実は続いていき、しょっちゅう風邪をひき、肌荒れもしていました。
妄想をするというよりも、毎日の生活に追われ、現実ばかりを見ていたように思います。ちなみに、

好きな人がいる時、
恋を叶えたい時の私の脳内

はこうでした。

私の脳内は、好きな彼のことが100％占領していました。
何をしていても、どこにいても、彼のことが頭に浮かんでくる。

かずみん脳内・恋愛中

好きな彼のこと

その彼は現実通りの彼というよりも、私が望むように動いてくれて、私に優しくしてくれて、私だけを愛してくれる彼でした。

たくさんやるべきことがある学生時代、そして社会人としてどうなの？という突っ込みどころは満載ですが、このような幸せな世界を脳内でせっせとつくり上げていたおかげで、その幸せな妄想は現実となりました。

あなたの脳内を図に表してみましょう。

まずは、現在のあなたの脳内を、グラフにしてみてください。

P10のワーク1も見返してみながら、書いてくださいね。

(例) 素敵な彼が欲しいけど、なかなか出会いがない。彼が振り向いてくれない。お金が厳しい。将来が不安。なかなか痩せられない。今の仕事が楽しい。好きな人に出会えて幸せ。などなど、良い面も悪い面も。

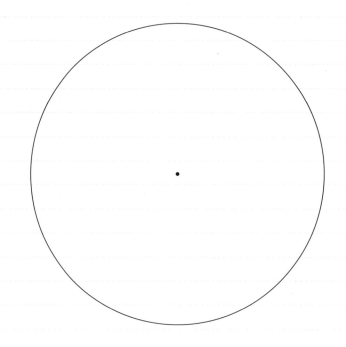

どうでしょうか？　あなたの頭の中にあるものがそのまま、現実に反映されていませんか？

また、今好きな人がいる、幸せな恋がしたいという願いがある方は、
「素敵な彼に愛される幸せ」か、
「素敵な彼に愛されない不幸せ」か、
どちらの方に意識が傾いているでしょうか。

今の現実は、もう流し終わった映像です。
変えよう！　と意識を向けるのは現実ではなく、自分の頭の中です。

では、

自分の願いをしっかりと 知るところから始めていきましょう。

まずは目的地やゴールを設定しないと、そこに向かうことができません。
大まかに、**恋愛面**、**人間関係**、**経済面**、**仕事**、**健康・美容**に分けて、未来を設定しましょう。
叶うか叶わないか、ではなく、遠慮なく自分の願いを書き出してくださいね。

Work 2 〉 体験したい未来を知る

あなたが体験したい未来を、知りましょう。

願いを書く時のコツとしては、**「今、体験している」**感覚、**「もう過去に体験したことを思い出す」**感覚で書いてみてください。

「彼ってこんな素敵なところがあるな」「前に彼とここに来たな」「彼にこんなものをもらったな」「今の私の年収はこれくらい」「今、私はこんな毎日を送ってる」と本当に起きている出来事のように感じながら、書き出してくださいね。

また、「彼との恋が叶ったら、それだけでもう十分」と満足するのではなく、

とことん欲張ってください！

確かに、好きな彼と一緒にいるだけで、その時間も場所も特別なものになりますが、そこが高級なレストランやホテルだったら、もっと特別なものに変わります。

大切な人との満たされた時間は、かけがえのないものです。
幸せな恋愛は、幸せな人生をつくってくれるもの。

一切妥協せず、愛も、豊かさも、美しさも、すべて願って、手にしてください。

〈 恋愛 〉

Q あなたが恋をしたい男性、今好きな彼は、
どのような外見ですか？

（例）背が高い、がっちりとした体型、短髪、笑った顔が可愛い、スーツが似合
　　う、声が低い、など

Q 彼はどのような性格ですか？

（例）優しい、マメに連絡をくれる、面白い、頼もしい、など

※今好きな人がいる方は、本当の彼の性格というよりも、「こうだったらいいな」「こ
　うなってくれたらな」と思う彼の性格をあげてください。
　彼を変えようとするのでなく、自分の中で理想の彼像をつくり上げることで、彼
　が新たな一面を見せてくれることがあります。

Q 彼の趣味は？

（例）スポーツ、読書、キャンプ、ゲーム、旅行、映画鑑賞、など

Q 彼からもらいたいプレゼントは？

（例）花束、指輪、ペンダント、本、など

Q 彼と旅行したい場所は？

（例）海外、温泉、南の島リゾート、など

◧ 彼と一緒に食べたいものは？

（例）高級レストランでディナー、公園でサンドイッチ、バーベキュー、私の手
作り料理、など

◧ 彼と一緒に住みたい家は？

（例）タワーマンション、郊外の一軒家、海が見える家、など

繰り返しますが、遠慮はいりませんよ！
自分の気持ちに正直に、欲張って書くことができましたか？

では、他の願いもどんどん書いていきましょう。

<人間関係>

Q どんな友人がいますか？
友人たちと、一緒にどんなことをしていますか？

<お金>

Q あなたの年収はいくらくらいですか？
どれくらいの貯金がありますか？
毎月自由に使えるお金はどれくらいですか？

〈 仕事 〉

Q
どんな仕事をしていますか？
どこで働いていますか？
収入はどれくらいですか？
どんな人と一緒に働いていますか？

〈 健康・美容 〉

Q
生き生きと毎日を過ごせていますか？
体重は何キロですか？
何歳若く見られますか？
どんなものを食べ、飲んでいますか？

運動はどれくらいしていますか？

この願いリストは、あなたの宝物です。
これが、未来の設計図になるからです。

何度も何度も、読み返してください。今はまだ目に見えなくても、あなたがこの願いリストにパワーを注ぐほど、書いたものは現実になっていきます。

ここまでワークを進めてきて、あなたが本当に手に入れたい未来を知ることができました。

まだまだ欲張って、願っていきましょう。

「叶え方」ももちろん大事ですが、「願い方」もかなり大事ですからね！

夢の平均寿命は、0.2秒と言われています。
多くの人が、一瞬だけ「こうなりたい」「これをやりたい」と思うだけで、願う前から諦めてしまうんです。

願いは、思いつく限り、どんどん書いていきましょう。

叶うか叶わないか、
できるかできないかは知らん！

でいいんです。

願いは叶えるためにあるものですが、**「叶わない」と自分で勝手に決めてしまう**のはやめましょう。
「叶うか叶わないかなんてわからないけど、私はこの願いを大切にしたい」
という気持ちで、大きな願いも妥協せずに書き出してください。

また、同じように、**今すぐにでも叶えられそうなささやかな願い**も忘れずに書いてくださいね。

大きな願いだけを見ていると、やはり「なかなか叶わない」と「叶わない」に意識が向きがちですが、「この週末、映画を観に行きたい」「今日の帰りは、あのお店で洋服を買って帰るんだ」という**ささやかな願いも叶えていくことで、「叶った」経験値を上げることができます。**

願いが実現した喜びを感じながら、願いが叶うことを当たり前にしていき、また新たな夢を見つめてワクワクしていきましょう。

あなたの潜在意識は、
願いを実現してくれる魔法のランプです。

けれども、「こんな願いを叶えたい」とオーダーしなければ、魔法のランプの出番はありません。
いつでも夢を見て、願いをオーダーし、魔法のランプがサボることがないようにしてくださいね！

また、願いはずっと変わらないものではなく、どんどん変化し、進化していくものです。
自分が成長し、レベルアップするごとに、願いや理想もそれに合わせて変わっていくのは当然ですね。

年収1000万円の生活が理想だとしても、それが叶ってしまえば、その生活はごく当たり前の日常になります。
今の現実の良い部分に目を向けて幸せを感じることは大切ですが、現状維持で満足せず、**願いはグレードアップ**させていきましょう。

また、恋愛の理想のタイプとして「痩せた人がいいな」と思っていても、がっしりした体格の男性を好きになることもあるかもしれません。
そんな時は理想にこだわらず、自分の素直な思いに従い、ためらわずに飛び込んでみてください。
恋愛は、頭で考えてするものではなく、心でするものです。

ただ、流されるだけではなく、どうしても妥協できないものは、大切に持っていてくださいね。

例えば、「真面目な人」「誠実な人」「子供やお年寄りに優しい人」など、パートナーに対して譲れない点は、しっかり自分の中で確認しておきましょう。

恋をした時は、盲目的に好きになる本能と、しっかり相手を見る冷静さの両方が必要です！
バランスよく、両立させてくださいね。

たくさんの願いが生まれてきたでしょうか。

「願う」という行為をしっかりやれば、あとは「叶える」だけです。

この本では、主に妄想という手段を通して願いを叶えていきますが、願いを**「願いのままで終わらせない」**ことが重要です。

自分の中に生まれた願いを、ただの空想でもなく、遥か遠くの夢でもなく、「予定」に変えていきましょう。

Work 3 〉「叶えた私」になる

Q すべての願いを叶えたあなたは、どんな姿で、
どんな生活を送っているでしょうか？

Q すべての願いを叶えたあなたは、どんな髪型で、
どんな服装を着ていますか？

Q すべての願いを叶えたあなたは、
どんなメイクをしていますか？

Q すべての願いを叶えたあなたは、どんな姿勢で、
どんな話し方をしているでしょうか？

Q すべての願いを叶えたあなたが、よく行く場所はどこですか？

（例）カフェ、ホテルのラウンジ、公園、スポーツジム、美術館、など

Q すべての願いを叶えたあなたは、何を持ち歩いていますか？

（例）本、手帳、タブレット、名刺、など

Q 半日自由に過ごせるとしたら、
すべての願いを叶えたあなたは何をして過ごしていますか？

（例）ウォーキング、ストレッチ、読書、サウナ、ドライブ、映画鑑賞、など

これで、願いを叶えたあなたが
でき上がりました。

「願いが叶ってから」ではなく、**「今から」**ワークで書いたあなたになってください。
願いを叶えたあなたが持つであろう持ち物をバッグに入れ、願いをすべて叶えたあなたのファッションで歩き、自由時間を過ごすのです。

憧れとする人物がいるなら、その人の写真や動画を見ながら、なりきるのもいいですね！

では、あなたの未来設計図に、
さらにパワーを宿していきましょう。

あなたが書いた願いがすべて叶った未来が、すぐそこで待っています。
願いはもうすでに、実現する予定の未来です。

その未来にたどり着く途中経過として、「今」が存在しています。

過去からではなく、未来の記憶から、今自分にできることを考えていきましょう。

優雅にホテルで
アフタヌーンティー

〈 恋愛 〉

Q 幸せな恋愛を叶えたあなたが、すぐそこの未来にいます。
未来のあなたがより幸せであるために、今何をしますか？

（例）より魅力的になるために、自分に似合うメイクの研究をする。彼が好きな
スポーツを観てみる。若々しさを保つために、毎日トレーニングをする、
など

〈 人間関係 〉

Q 理想的な人間関係を築いているあなたが、すぐそこの未来にいます。
未来のあなたがより笑顔でいるために、今何をしますか？

（例）興味があった趣味を始めてみる。SNSを始める。一人の時間を思い切り
楽しんでおく、など

〈 お金 〉

Q 十分な豊かさを手に入れたあなたが、すぐそこの未来にいます。
未来のあなたがより豊かであるために、今何をしますか？

（例）お金を大切に扱う。お金を支払う時も、喜びを感じながら使う。テーブル
　　 マナーを勉強する、など

〈 仕事 〉

Q 好きなことを仕事にしているあなたが、すぐそこの未来にいます。
未来のあなたがより輝いて生きていくために、今何をしますか？

（例）英語の勉強をする。セミナーに行く。読書の量を増やす、など

Q 健康も若々しさも手に入れたあなたが、すぐそこの未来にいます。
　未来のあなたがより健康に、美しくあるために、今何をしますか？

（例）ウォーキングを始める。ジムに通い始める。着たい洋服を買う、など

いかがでしょうか？　**「叶った未来が待っているなら、今こんなことをしてみよう！」**という、新たな発見があったのではないでしょうか。

焦りや不安から行動するのではなく、

素敵な未来が待っているから、
ワクワクしながら行動する。

これだけで、良い波動を放ち始めます。

大事なのは「何を妄想しているか」「どんな行動をしたか」ではありません。

自分の波動が、次の現実をつくります。

今、自分が考えていること、妄想していること、行動したことはすべて、未来の自分へのプレゼントになります。

ここまで自分の願いや未来予想図がはっきりしてくると、不思議な出来事が起き始めます。

- ・テレビを見ていたら、出演者のある一言がなぜか妙に気になった。
- ・ある映画を、どうしても見たい。
- ・知人や友人から、続けて同じ言葉を聞いた。
- ・突然、何か新しいことを始めたくなる。
- ・何度も同じ夢を見る。

これらは、あなたが設計した未来予想図に向かうまでのヒントを、**潜在意識が何らかの手段で送ってくれているサイン**です。
あなたがサインに気付かなくても、本当に大切なことであれば、**潜在意識は何度もサインを送り続けてくれます。**

ですが「これは私の願いには関係ない」と受け流してしまうと、そのサインを受け取ることができません。
願いに関係あるかどうか、ジャッジするのは自分の役目ではありませんよ！

未来予想図に早くたどり着くために、ヒントをしっかりと受け取っていきましょう。

> **Q** なぜか気になる人、言葉、場所、新聞記事、フレーズなどを、何でも書き留めていきましょう。

急に聴き始めたアーティストが、実は彼も長年のファンだった、という出来事や、新しく始めた趣味を彼もやっていたり、出かけた場所で彼とバッタリ会う…など、嬉しいシンクロが起き始めますよ。

今回は、「願い方」についてお話ししてきました。
今、自分が叶えたい願いを思い出した時に、**「嬉しい」「幸せ」**と思えば思うほど、その願いは叶います。
「叶わなかったらどうしよう」という不安や、「どうせ叶わない」という諦め、「早く叶えたいのにどうして叶わないの」という焦りが大きければ大きいほど、願いの実現は遠のいてしまいます。

では、最後にもう一度脳内ワークをやってみましょう。

あなたの未来予想図を現実のものにするために、あなたの脳内をどのように変えていく必要があるでしょうか？

参考までに、少し前の私の脳内を覗いてください。

引き寄せの法則や潜在意識を知ってか
ら、**私の脳内はこうして妄想だらけ**にな
りました。
そしてこの脳内グラフはそのまま現実に
反映され、作家になるという願いも、年収
1000万円超えという目標も、頻繁に旅行
に行ける毎日も、トラブルが解消された
肌も、すべて現実で叶ったのです。

かずみん脳内・少し前

綺麗な肌
旅行
したいな〜
作家になる！
年収1000万円
超え！

願いをただの絵空事ではなく、**「実現する予定の未来」**として扱ったので
すね。

Work 6 〉 脳内を変える

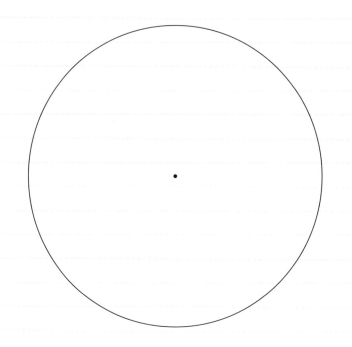

あなたは、どんな未来を叶えますか？

願い方・まとめ

　①願いは多ければ多いほどいい！

　②妥協はしないで、とことん欲張る

　③願いはどんどん進化していくもの

④願いを「遥か遠くの夢」ではなく「予定」に変えていく

⑤潜在意識からのヒントをしっかり受け取る

では

いよいよ、具体的に「妄想」について お話ししていきますよー！

脳内をしあわせで
埋めよう！

〈3日目〉

「妄想」は
誰でもできている！

前回までは、「自分の無意識」と「自分の今の現実」、「自分の望み」を「知る」ということをじっくりやってきました。

今の現実を見ることは、スタート地点に立ったことになります。**今の現実と過去の自分の思考が一致している、**と感じてくださいね。そして

自分の望みを知ることは、
ゴールの設定になります。

スタートとゴール地点がしっかりと決まったら、あとはゴールに向かって突き進んでいくだけです。では今回から、本気の妄想をしていきますよ！

「ある」を感じる練習

まず、あなたの**「妄想視力」**を調べてみましょう。
「妄想視力」とは、**頭の中で映像を「見る」力**のことです。

Work 1 〉 妄想視力を診断する

当てはまる項目に○をつけてください。

① 昨日の夕食の映像を、はっきりと思い出すことができる
② 鏡を見なくても、自分の顔を鮮明に思い出せる
③ 「レモン」をイメージすると、何となくは頭に浮かぶ
④ 漫画を読んでいると、登場人物が動いているように感じることがある
⑤ 小説を読んでいる時、登場人物のイメージが何となく浮かぶ
⑥ 妄想をしていると、自分では思ってもみない方向に登場人物が動き出すことがある
⑦ 走っている時、自分が転んでしまう映像を頭の中で見てしまうことがある
⑧ 「犬」をイメージした時、その犬は頭の中で動いている
⑨ 言葉よりも、図やイラストを記憶する方が得意だ
⑩ 一度会った人の顔は、割と覚えている方だ

○の数が0～3個：妄想視力「0.5」

頭の中の映像を「見る」力はちょっぴり低いようですが、心配はいりません！

妄想で大事なのは「見る」力ではなく、「感じる」力です！　感じる力を高めながら、妄想を現実に変えていきましょう。

○の数が4～6個：妄想視力「1.0」

45

頭の中の映像を「見る」力はなかなか高いようです。ただ「見る」だけではなく、頭の中で思い浮かべた映像が生き生きと動いていることも多いのでは？　妄想を叶える力は十分に持っています！

○の数が7〜9個：妄想視力「1.5」

頭の中で「見る」力が相当に高いですね！　はっきりと映像化することができるので、絵が上手な方も多いのではないでしょうか。この妄想視力を生かして、妄想の総合力をどんどん高めていきましょうね！

○の数が10個：妄想視力「2.0」

天才的な「見る」力の持ち主です。誰もが羨む妄想視力を持っていますが、逆に考えたくないようなことまで鮮明に妄想してしまうので、困ってしまうことも多いかもしれませんね！

大丈夫！　この妄想視力をもっとプラスに変えていきましょう。この先の人生で、力強い味方になってくれるはずです。

ちなみに私の○の数は7個で、妄想視力は1.5です。

「何となく」イメージすることはできますが、昨日の夕食を「はっきりと」思い出すことはできないし、自分の顔を思い出しても映像はぼやぼやっとしています。

妄想視力と妄想力は、それほど関係ありません。
妄想視力が低かった方は、「感じる」力を伸ばしていきましょう。
妄想の映像を「見よう！」と頑張る必要はありません。

映像を「見る」というより、
そこにある！ と「感じる」んです。

妄想視力が高かった方は視覚が強いので、「見る」力を存分に使いながら、
妄想をリアルに感じていきましょう。

「見える」から妄想が現実になるというわけではなく、**それが本当に「ある」
と感じる力が妄想を現実のものにしてくれます。**

妄想は何より、今ここに「ない」ものを
「ある」と感じることが大切です。

では、妄想力を高める練習をしていきましょう。

昨日の晩ご飯のシーンを思い出してください。

Q > どんな食べ物が並んでいましたか？

Q > 誰と食べましたか？

Q > どこで食べましたか？

Q > 照明は明るかった？　暗かった？

Q > どんなことを感じていましたか？

ぼんやりでも、昨日の食事の風景が頭に浮かんだなら、バッチリです！

映像としてはっきりと思い出せなくても、家族の声や、食べたものの香りや味、部屋の明るさ、自分の感情を、何となくでも思い出せることができたら、**「頭の中に、ここにはないものを思い描く＝妄想」**ができていることになります。

昨日の晩ご飯を思い出すことができたら、せっかくなので未来もつくっておきましょう！
理想の食事の風景を、頭に思い描いてください。

> Q 誰と食べていますか？

> Q どこで食べていますか？

> Q どんなものを飲んでいますか？

> Q どんなものを食べていますか？

どんな会話をしていますか？

昨日の食卓のシーンは、実際に自分が体験したことですね。

実際に体験したことを頭に思い浮かべてすぐ、まだ体験していない理想を妄想してみるんです。

実際に体験したことも、まだ体験していないことも、脳にとっては同じこと。

脳が「私はこういう人間なんだ」「私はこういうのが好きなんだ」と判断したものと同じ現象を、現実世界でまた引き寄せます。

実際に体験したことと同じくらいに、理想の未来を妄想することが、現実化のコツです。

過去に実際に起きたことを思い出すトレーニングと、未来のイメージトレーニングを交互にやっていくと、妄想することに慣れていきますよ。

では、再び妄想を「感じる」ワークです。

ぶどうを頭の中に思い浮かべて、ぶどうのみずみずしさ、香り、手触りを感じてみてください。

そのあとは、ぶどうを一粒つまんでいる感触を感じてみましょう。

ぶどうは柔らかいですか？　ハリがありますか？　軽く押すと、果汁が飛び出しそうですか？

そのぶどうを口に入れて、味も感じてみましょう。

ぶどうの味を、頭の中で再現することができましたか？
「今、ここにはない」ものをリアルに感じる練習です。

ではもう一つ、練習しましょう。

スマホを持たずに、片手でスマホを持っているイメージをしてください。
実際にはスマホを持ちませんよ〜。妄想の中で、スマホを持ってください。

スマホの重さを感じることができますか？
スマホの手触りは？
スマホのホーム画面を思い出すことはできますか？
メールが届いた時の着信音は？

そのまま、あなたが欲しいと思っている通知が届いたと、リアルに妄想してみましょう。

あなたが見たい画面は、好きな人からの優しいメールですか？
ずっと憧れていた人からのメッセージですか？
大切な友人からの、着信ですか？
大きく夢に近付くことができる、企業からのメッセージですか？
それとも、宝くじに高額当選した画面でしょうか。

スマホは、今や手放せないツールで、毎日のように手にしているので、今、実際に手に持っていなくても「持っている」イメージを持ちやすいですね。スマホをただの道具として扱うのではなく、「嬉しいお知らせを届けてくれるアイテム」として大切に扱っていきましょう。

きっと、現実でも
その通りになってくれますよ。

妄想は他者目線か、自分目線か

妄想は、他者目線ではダメなの？　自分目線の方がいいの？　という質問も、よくいただきます。

そこで、私はある実験をしてみました。

**自分目線で、しゃぶしゃぶを食べている妄想と
「焼肉を食べている自分」を思い浮かべる妄想（他者目線）です。**

私は、しゃぶしゃぶよりも、どちらかといえば焼肉の方が好きで、食べる機会も多いです。

しゃぶしゃぶは、好きではあるけど、それほど食べる機会はない…という状態での実験でした。

数ヶ月間、この妄想をしてみましたが、しゃぶしゃぶを食べた回数は3、焼肉を食べた回数は1でした。

やはり、自分目線で妄想をした方が、よりリアルに感じることができるので、急にしゃぶしゃぶを食べる機会が増えたのかもしれません。

他者目線で妄想した焼肉も食べる機会があったので、効果がゼロではないようです。

ただ、叶うスピードや正確性を求めるなら、自分目線をオススメします。

妄想引き寄せでは何より、「ある」と感じることと、その状態に「なる」ことが大切です。

妄想を他人ごととして捉えるのではなく、自分ごととして捉える。

今、自分がそれを体験している、
と感じて欲しいのです。

自分の手で、欲しいものを手にしている。

自分の目の前に、好きな人がいる。

体験したい現実が、目の前に広がっている。

そんな映像を、妄想の中で見て、感じてください。

どうしても映像が他者目線になってしまう！　という方は、次のワークを
やってみましょう。

しゃぶしゃぶ妄想、
大成功！

目の前に、テレビがあると感じてください。

そのテレビの画面には、あなたと、素敵な彼が映っています。

画面の中のあなたは、とても幸せそうです。素敵な彼と笑顔で話しているし、欲しいと感じているものはすべて手にしています。

理想の家に住み、着たい服を着て、食べたいものを食べています。

自分の幸せな映像は見えましたか？

では次に、

そのテレビ画面の中に自分が入ってしまうイメージをしてみましょう。

テレビの中の自分と同化して、もう一度、幸せな体験を味わってください。

目の前に彼がいます。

彼の表情や服装はどんなものですか？

彼はどんな言葉を口にしていますか？

あなたの笑い声は、聞こえますか？

何を食べていますか？

香りは感じますか？

目の前にあるものだけじゃなく、周りにあるものも、感じてください。

「見る」のではなくて、
「感じる」んですよ！

幸せなあなたの周りからは、家族の笑い声も聞こえるかも知れません。
音楽が流れていたり、外から子供たちの元気な声も聞こえるかも知れませんね。

香りは、どうでしょうか。
幸せなあなたが感じているのは、コーヒーの香りですか？ おいしそうな食事の匂いですか？ 彼の服からただよってくる、柔軟剤の優しい香りですか？

自分が持っているデータを総動員させて、自分が体験したい現実を、妄想の中のあなたに思う存分体験させてあげてください。

頭の中で妄想することは、
現実への予告編です。

「どうしても他者目線の方が妄想しやすい」という方は、写真やムービーを眺めている妄想がオススメです！
目の前に、自分と好きな人が嬉しそうに笑っている写真がある。
夢を叶えた自分のムービーを見ている。
そして、「嬉しかったなあ」「楽しかったなあ」「夢が叶ってよかったなあ」と

感じ、願いを叶えた体験を過去のものとして捉えてみてください。

「叶えた自分の姿を見ている」という他者目線の妄想になりますが、「写真を見ている」「ムービーを見ている」と感じることで、「自分が体験した」と捉えることができます。

妄想はあくまで、
他人ごとではなく自分ごと、ですよ！

妄想レベルを高める

ここで、妄想レベルについてお話ししていきます。
「妄想したけど、全然叶わなかった」という経験をしたことがある方も、多いのではないでしょうか。
すべての妄想が現実になってしまったら、それはそれは大変です。
私は心配性なので、最悪の事態を妄想してしまうことも度々あります。それがすぐに現実になるなら、望んでもいない悲惨な出来事ばかりを体験することになってしまいます。

妄想したけどそれが現実にならなかったのは、妄想レベルが低かったからです。

妄想レベルを

　1．思い浮かべる

　2．イメージする

　3．妄想を現実だと感じる

の3段階に分けてみましょう。

「1．思い浮かべる」というのは、一瞬だけ脳裏をよぎる程度のレベルです。

妄想レベルは高くないとはいえ、これだけでも、そのもののエネルギーと波動を合わせることができます。

「バナナ！　バナナ！　バナナ！」と一日に何度もバナナを思い浮かべていたら、そのうちバナナが自分の元にやってくるはずです。新しいPCでも、車でも、効果は同じです。

歩いている時に自分が転ぶ姿を思い浮かべてしまっても、すぐに転ぶことはないでしょう。ただし、何度も転ぶ姿を妄想してしまったら、転びやすくなることは間違いないですね。

「2．イメージする」は、「思い浮かべる」よりももう少し長い時間、頭の中で映像や音、手触りなどを思い出す行為です。

ただ思い浮かべるより、妄想レベルは高くなりますが、すぐに実現するほどの強さはありません。

『願いを「遥か遠くの夢」として扱うのではなく「予定」として扱ってください』とお伝えしましたね。

幻想に近い、「空を飛びたいな」「100メートルを9秒で走りたいな」と妄想

しても、やはりそれは妄想のままで終わってしまいます。

「空を飛ぶ」「100メートルを9秒で走る」ということを、遥か遠くの夢ではなく、**「本当に達成するんだ」と"予定"として取り組んだ人だけが、その夢を叶える**ことができます。

今や当たり前のように空を飛行機が飛んでいるし、スカイダイビングやパラグライダーで、空を飛ぶ体験をすることもできます。

100メートルを9秒で走る選手も、増えていく一方ですね。

願いを予定として捉え、それに沿った考え方や行動をしていく。
そこで、妄想レベルが一番高い「3. 妄想を現実だと感じる」です。

妄想をリアルに感じるのも、自分目線で妄想するのも、すべては妄想の世界を現実のことだと感じるためです。

それがたとえ妄想であっても、「これが本当のことなんだ」と脳はいとも簡単に騙されてくれます。

脳が、妄想を現実のことだと勘違いしてくれることで、いろいろなアイデアが生まれたり、自然に行動もできるようになります。

「まだ、妄想をリアルに感じることができない」と感じる方も、大丈夫。
まだまだ、妄想トレーニングプログラムは始まったばかりです。
自分に合った妄想方法を知り、妄想力を高めながら、願いを確実に叶えていきましょうね！

良くない妄想をしてしまう時の対処法

妄想レベル1の「思い浮かべる」でも、それを何度も繰り返してしまうことで、現実になります。

過去の失敗やうまくいかなかったことを何度も妄想してしまう行為は、未来でもその失敗を採用することになってしまいます。

うまくいかない未来や、失敗した妄想ばかりしてしまう…という方には、不安を与えてしまいましたね。

でも大丈夫！ 気付くことができたら、変えることは簡単です。

まず、うまくいかない妄想をゼロにすることは不可能です。

これらは、自動で無意識のうちにしてしまう思考です。

人には防衛本能が備わっているために、最悪の事態を予測する能力を持っています。

この能力のおかげで、危機から身を守ることができるのです。

包丁を持った時に、手をケガしてしまう映像が浮かぶ→気をつけながら包丁を使う

事故にあったらどうしよう、という不安→安全運転をする

というように。

思い浮かんだネガティブな妄想を、消そうと頑張る必要はありません。

消そうと頑張れば頑張るほど、そこに意識を向けていることになるからです。

頭に浮かんだネガティブ妄想も、そのままにしておく。

ただ、それ以上ネガティブ妄想を広げず、エネルギーを与えないようにする。

ネガティブ妄想を取り消そうとするよりも、違う思考や妄想に、意識を切り替えましょう。

好きな人にフラれる妄想を何度もしてしまう

→「やっぱり私はフラれるんだ」とその妄想にパワーを与えないで、

→**「私、本当にあの人のことが好きなんだな。そんなに好きになれる人と出会えてよかったな」**

「フラれる妄想よりもうまくいく妄想をしてみよう！」
と、切り替えてみる。

ネガティブ妄想を育てないで、幸せな妄想を育てることを意識してくださいね。

Work 4 ＞ ネガティブ妄想とうまく付き合う

① あなたがよくしてしまう、ネガティブな妄想はどんなものですか？

（例）失恋してしまう、素敵な人に出会えない、彼が浮気をする、など

② どうして、その妄想を何度もしてしまうと思いますか？

（例）恋愛でうまくいった経験が少ないから、自分に自信がないから、過去に同じ経験があるから、など

③ ネガティブな妄想の逆パターンを、イメージしてみましょう！

（例）好きな人との恋が叶う、理想の人との出会いがある、彼が私だけを愛してくれている、など

勇気を出して書いてくれたおかげで、ネガティブ妄想は浄化されたも同然です！

そしてこれから、このネガティブ妄想が顔を出してきても、**③の妄想にパッと切り替えてあげてください。**

ネガティブな思考も、妄想も、あなたを苦しめる敵ではありませんので、怖がらなくて大丈夫。

戦おうとしないで、うまく付き合っていってくださいね。

これからさらに、あなた専用の妄想動画を頭の中につくり出し、自分の未来の予告編を何度も再生していきましょう。

〈4日目〉

リラックスして妄想を楽しむことが一番大事！

前回は「思い出す」という妄想と、「未来をつくる」妄想にチャレンジしましたね。

また、妄想が他者目線になってしまう場合の対処法も、お話ししました。

まだ上手にできないと感じていても、大丈夫ですからね。

人生は、挑戦と継続です！　まずは何かしらやってみて、それを続けてみる！　これが大事です。

ですが、妄想を頑張りすぎても、それは逆効果です。

妄想したから願いが叶って幸せになるのではなく、妄想して幸せな気分になるから、幸せな出来事がやってきます。

妄想に「必死」という言葉は禁句ですよ！

真剣に、真面目に、地道に妄想を続けていきますが、肩の力を抜いて、楽しんでいきましょう。

筋トレも、妄想トレーニングも同じ

「妄想して、早く願いを叶えたい！」という気持ちがムクムクと湧いてきても、焦りは禁物です。

人には、バイオリズムというものが備わっています。

バイオリズムとは**「調子の波」**と考えられており、「何だか今日は調子がいいな！」と感じる日と、「なぜか今日は調子が悪いな」と感じる日があります。

月の満ち欠けや、ホルモンバランスも、調子の良し悪しに関係してきます。

調子が悪いと感じる時に、無理はしないでくださいね。

妄想を頑張って欲しいのは事実ですが、頑張りすぎはNGですよ！

熱がある時に筋トレをしても、効果がないどころか、余計に体調を崩してしまいます。

いくら体にいいと言われても、台風の日にウォーキングをしても危険なだけですね。

自分の心と体の声に耳を傾け、今、自分が何をしたいか、どんな気分なのか、きちんと聞いてあげましょう。

心と体が好調な時は、ノリノリ期ですね！　未来の自分がより幸せで健康であるために、ワクワクする妄想をして、体も動かしてみましょっ。

心が落ち込み気味で体も元気がない時は、リラックスして、自分自身を癒してあげることに専念しましょう。

妄想が元気の源になるなら、もちろん妄想を。
何もしたくない時は、「何もしない」という行動をして、ゆっくり休んでください。

"「何もしない」をするのがいい時もあるよ" というセリフが、私の大好きな「プーと大人になった僕」という映画で出てきます。

頑張りすぎて、その波動が現実に反映され、引き寄せが逆効果になってしまうこともあります。

頑張れる時は、頑張る。少し疲れたら、休む。そしてまた回復したら再開し、継続する。

時には「休む勇気」で、あなた自身を守ってあげてくださいね。

不調な時は、こんなことをしてみましょう。
この後の項目に出てくるものは、全部がワークになります。
「この日はこれをやる。明日はこれ…」と決めるよりも、今、自分の体と心が求めているものを、やってあげてください。

とにかくリラックス！

 ベランダや庭に出て、深呼吸

外に出て、太陽の光を浴びましょう。はい、幸せホルモン！
曇りの日は、心地よい風を感じましょう。はい、爽やかホルモン！
雨の日は、澄んだ空気と雨音を感じましょう。はい、癒しホルモン！

夏の終わりに少し体調を崩していた私ですが、一日に何度もベランダに出て、外の空気を感じながら深呼吸をしていました。
目を閉じて、風を感じ、外から聞こえてくる鳥の鳴き声や電車の音を聞きながら、願いを叶えた自分になりきって、深呼吸を繰り返しました。
頭の中で願いを叶えた自分になりきってしまえば、何気なく聞こえてくる電車の音も、心地よいものになってくれます。散歩をしているおじさんの鼻歌も、応援ソングになっちゃいます。

「何も気力が湧かない…」という時も、息を吐いて自分の中のモヤモヤが外に出ていき、息を吸ってきれいな空気が自分の中に入ってくるイメージをしてください。
ストレスを感じている時、知らず知らずのうちに呼吸は浅くなってしまうものです。
意識的に深呼吸をして、スッキリしてみましょう！

自然に触れる

元気がない時は、自然が持つパワーをおすそわけしてもらいましょう。

公園を歩いて、緑を眺める。

木に触れる。

花を育てる。

頻繁に森や山に行くことは難しいかもしれませんが、ほんの少し、自然と触れ合う機会を持つだけでも、癒し効果はあります。

公園に行った時は、ただ歩くだけではなく、ぜひ木や土に触れてください。

「汚い」「恥ずかしい」なんて言わず、童心に帰って自然を感じてくださいね。

 映像を見る

YouTube などで、リラックスできる動画を見るのもいいですね！

海、川、森、焚き火…自然の音や、静かなBGMを聴きながら、優しい映像に癒されましょう。

妄想の前にリラックス動画を見て気持ちを落ち着かせるのも、おすすめです。

心がざわざわしていたら、どんなにいい妄想をしても、波動は不安定なままです。

大事なのは「妄想という行為」ではなくて、「自分の波動」だということを思い出してくださいね！

私は、旅行している自分を妄想するだけで幸せな気分になるので、飛行機

音が流れている動画や、温泉の動画もよく見ています。

このように、今ここにはないのに「ある」と感じることができる映像もかなりのおすすめですよ。

 ④　お昼寝をする

日中、時間が取れる方は、ぜひ昼寝をしてください。

ほんの15分でもいいんです。

私も昼寝が大好きで、朝起きてすぐに「今日は特に出かける予定がないからお昼寝できる！」と思って嬉しくなるほどです。

昼寝をすると疲労回復はもちろん、注意力や記憶力が向上すると、NASAの研究結果が出ています。

ストレスも減少するし、認知症の予防にもなるし、そのうえお昼寝前に幸せな妄想をすることができるんですよ！

いえいえ、大真面目に言っています。

睡眠前は、顕在意識が疲れてヘロヘロな状態になっているために、様々な思考が邪魔しなくなるんです。

ということは、思ったことや頭に思い描いたことが、潜在意識にすっと届いてくれるんですね！

「もう疲れた」とヘトヘトの時や、**「もうやってられるかー！」**とふて寝をし

たい気分の時も、眠る直前だけは幸せな妄想を思い描いてください。
目覚めた時は、頭も心もスッキリしているはずですよ！

妄想して、鼻血やよだれが出るほど興奮することは大事ですが、興奮しっぱなしでも大変です。
心身ともにリラックスして、じわ〜とこみ上げてくる幸福感や安心感も、全身で感じてくださいね。

では次は、ほんの少し違う形で、自分の心を癒してみましょう。
あなた自身が幸せを感じることが何より大切ですが、他の誰かの幸せも、そっと願ってみてください。
家族、友達、店員さん、好きな有名人、すれ違った知らない人…。
誰でもいいので、今頭に思い浮かんだ人や、目の前にいる誰かが**「幸せでありますように」**と心の中でつぶやいてみてください。

ただ思っただけなのに、心がポッとあたたかくなりませんか？

他人の幸せを願うと自分も幸せになる、ということは科学的にも証明されています。

思うだけじゃなくて、行動にもうつしてみましょう。
「自分を幸せにすること」と「誰かに幸せになってもらうこと」に真剣に取り組むんです。

本当に、ちょっとしたことで大丈夫。
“動画を見たら面白かったので、いいねを押した”
“友達が着ていた服が可愛かったので、「素敵だね」と褒めた”
“配達員さんに「いつもありがとうございます」と言えた！”
なんてことでもいいんです。

配達員さんに感謝の気持ちで…

Work 1 〉 自分と誰かを、幸せにする

Q 今日、あなたが幸せを感じたこと、
嬉しかったことは何ですか?

Q 今日、あなたがしたちょっぴりいいことは何ですか?

このワークは一回限りではなく何度もして欲しいので、使っている手帳や
ノートに継続して書いてみてくださいね。
**自分が今、幸せを感じるだけでも幸せな出来事がやってくるのに、自分以
外の誰かの幸せもお手伝いすることで、幸せは何倍にも何十倍にもなって
返ってきます。**

Work 2　毎晩、10人にありがとうと心の中でつぶやいてみる

これは、私が去年から始めた習慣です。

夜寝る前に、10人の人に「ありがとう」と心の中で言う。 ただそれだけです。

家族、友達、職場の同僚、好きな有名人、よく行くお店の店員さん、元彼…お相手は誰でもいいんです。

顔を思い浮かべながら、「ありがとう」の気持ちを届けてみてください。

昨年、私がこの寝る前の「ありがとう」を始めてすぐに、1日で2つの宝くじが当たりました。

そして、一年以上前に発売された1冊目の著書の重版も決まりました。

それからしばらく、寝る前の習慣は「ありがとう」よりも妄想の方に力が入っていたのですが、ここ最近、「ありがとう」も再び始めてみたところ、また2週間の間に2回、宝くじが当たったのです。

ずっと続けていたら、今頃高額当選も叶っていたのでは…！？　と感じてしまいますが、ただ何となく機械的に続けていても、良い波動にはなりませんね。

誰かに、「ありがとう」と伝えたい。その思いが、また誰かに「ありがとう」と伝えたくなるような現実を連れてきてくれます。

ただ、どうしても今日あった嫌なことを思い出してしまったり、不安な未来ばかりを妄想してしまう…という時は、エネルギーが乗っていなくてもいいので、心の中で「ありがとう」を繰り返してみましょう。

ネガティブなことが頭をループしてしまう時に、その思考を止める効果も
ありますよ。

思考を止める

いつも幸せなことを考えていないと願いが叶わない、ということはありま
せん。

「幸せを感じなきゃ」「いいことを考えなきゃ」と頑張りすぎるよりも、「思
考を止める」ことが効果的な場合もあります。

ズバリ言ってしまいますが、
願いを叶えることを邪魔しているのは
他の誰でもなく、自分自身だという
衝撃的な事実があります。

「この恋はうまくいかないかも知れない」
「ずっとお金がないかも知れない」
「風邪をひいてしまうかも知れない」
このような不安に飲み込まれてしまうこともありますね。

このような恐れは、裏を返せば「そうなって欲しくない」という願いが強く

あります。

その気持ちが大きいほど、どんどんその恐れに意識が向いてしまい、残念ながらその不安が現実化してしまうこともあります。

また、「こんな願い、叶うわけがない」と願う前から諦めてしまったり、今の現状に流されてしまって、現状維持システムに流されてしまうこともありますね。

そんな時は、「今」に意識を戻すと、「いらない思考」は消えていきます。

何かをやって、「ただそれを無心で楽しむ」時間を増やしてみてください。

無心になると、ぐるぐるしていたネガティブ思考が止まります。

すると、実現化への抵抗も止まります。

その結果、引き寄せ力が
アップするんですね！！

では、具体的に思考を止める方法を見ていきましょう。

① 「今」に意識を集中する

歩いている時だったら、目に入るものを見て**「花が咲いてるな」「空がきれいだな」**と、ただ思う。**「風が気持ちいいな」**と感じる。

ご飯を作っている時は、**「これから醤油を入れます」「グツグツ煮えてきてます」**と実況する。

座っている時は、お尻に当たっているソファーや椅子の感触を感じる。

これ、やってみるとわかると思いますが、
意外と難しいんですよ！

歩いている時もご飯を作っている時も座っている時も、人はだいたい何かを考えています。

それはたいてい、先のことの心配だったり、しなきゃいけないことだったり。

そこを、何も考えずに**「今やっていること」にただ集中**してくださいね。

② 好きなことをして「無」になる

自分が好きなことをしている時間は、何も考えずにただ今目の前にあるものに熱中しているものです。

私はスマホゲームで遊んでいる時や、スポーツ観戦、読書の時間が「無」になれる時間です。

料理や手芸、絵を描く、パズルなどの手を使う趣味も、没頭できるのでいいですよ！

体を動かす時間を作る

ウォーキングやストレッチ、トレーニングをすれば、体も健康的になるし、余計な思考にも邪魔されないので一石二鳥です。
運動神経はゼロどころかマイナスの私ですが、近頃はYouTube動画を見ながらトレーニングやダンスにも挑戦しています。
上手にできなくても、自分が楽しければそれで大丈夫！
「気持ちよく体が伸びているなあ」「血液が全身を巡ってるなあ」 と体の心地よさを感じながら、全身を動かしてみましょう。
汗をかくほど体を動かした後は、頭にあったモヤモヤもどこかに吹き飛んでいるはずですよ！

 笑う

好きなテレビ番組や、お笑いDVDを見て、ただ笑いましょう。
「笑い」は、人生において必須科目です。
家族や友人と昔の写真を見返してみたり、子供や動物と遊ぶのも、無心で笑うことができるのでいいですよ！

⑤ 「無」になることをやめる

思考を止めて無心になってください、と言いながらも、**「無にならなきゃ」** と頑張ってしまっては疲れてしまうだけですね。
無になろうとすることをやめて、ただ自分の思考に意識を向けてみる。
そして、どんな思考があらわれても否定しないで、そのままにしてくだ

さい。

自分の脳内と会話をするのも、おすすめです。
「疲れたなあ」「うん、疲れたね」
「あの願い、もう叶わないかも」「そっか、そう思うんだね」
「今すぐ彼から電話来ないかなあ」「彼から電話が欲しいんだね」
と、ただ自分の思考を受け止める。
いつだって、自分は自分の味方でいる。
そんな安心感を、自分自身に与えてあげてくださいね。

未来を心配するよりも、今を生きてください。
今感じていることが、未来をつくり出します。

今、この瞬間からの5分をどう使いますか?
過去のことを悔やんだり、未来の心配をするか。
幸せなことを考えてニヤニヤするか、無心になって自分の体をケアするか。
時間をどう使っても、同じように5分という時間は過ぎ去っていきます。
いつも気を張っているのは疲れますが、ふとした時に**「全力で自分を幸せにする!」**ということを思い出してくださいね。

また、完璧を目指すのもやめましょう。
願いは、自分が完璧な人間になれたら準備が整って叶うわけではありませんよ!

完璧にならなくても、願いは叶うし、
幸せになれます。

では、今回はあと2つのワークで、さらに心をスッキリさせましょう。

テレビを見ながら
「笑い」に集中！

Work 3 〉 自分の中のモヤモヤ感情を吐き出す！

イライラやモヤモヤの感情を無理に抑えたり、なかったことにしても、その感情はまたムクムクと顔を出してきます。

モヤモヤ感情に心が支配されてしまうと、その感情が誰かへの**「イライラ」**や**「批判」**や**「愚痴」**といった形に変わってしまうことがあります。

「誰かを批判したい」
「誰かを攻撃したい」
「誰かに愚痴りたい」

という思いがずっと自分の中にあり続けると、

批判したくなるような出来事、攻撃したくなるような誰か、もしくは自分を攻撃してくる人、愚痴りたくなるような出来事が現れたりします。

そうなる前に、

モヤモヤ感情をなかったことにせず、ちゃんと気付いて外に吐き出してあげましょう。

「イライラしてるなあ」とただ自分の感情を認めてあげるだけでもスッと気持ちが楽になりますよ。

外に吐き出す時は、**誰にも見せないノート**に書き出すのがおすすめですが、たまには愚痴もOK！

顔ではニコニコしているのに、心の中にモヤモヤを溜め込み続けている方がよっぽど体に毒です。

ただ、愚痴る時はむやみやたらとマイナス波動を伝染させないように、相手と場所はよ～く選びましょうね！

Work 4 〉「大丈夫」の魔法をかける

私の口癖は「大丈夫」です。

自分に何かが起きた時も、家族に何かが起きた時も、すぐに**「大丈夫、大丈夫！」**と自分に言い聞かせるように、口にしています。

「大丈夫」という言葉は、自分にかけてあげる魔法のようなもの。

鏡を見た時や、不安になった時、いつでも自分自身に「大丈夫」と言ってあげてください。

また、親しい人にも「大丈夫」と言ってあげてください。

大丈夫！
その願いも、ちゃんと叶いますから。

〈5日目〉

「妄想力」を
高める

前回は、リラックスして妄想することの大切さをお話ししました。

ただ「妄想しなきゃ！」という思いにとらわれがちで、それほど重要視されない部分ですが、実はとっても大事です！

もしかしたら、一番大事な部分かも知れません。

この先、さらに妄想力を高めていきますが、ふと「今の自分」を見つめ直して**「今の自分の波動はどうなってるかな？　ちゃんと肩の力が抜けているかな？」**とチェックすることを思い出してくださいね！

では、ここから妄想力をパワーアップさせていきましょう。いよいよ本格的な妄想実践編に入ります。

妄想引き寄せでは、

①そこに「ある」と感じること

②自分が「その状態になっている」と感じること

③そして、幸せを感じること

を目的にしています。

（逆に言えば、「ある」「その状態になっている」「幸せ」を感じることができれば、手段は妄想だけじゃない、ということですね！）

妄想は「見る」ことがすべてではありません。
前記の３つを感じることができれば、五感のどれを使っていてもいいん
です。

五感とは、視覚・聴覚・嗅覚・触覚・味覚ですね。
３日目では「妄想視力」を診断しましたが、今回は五感すべての診断をして
いきましょう。

まるで隣に
いるみたい♡

当てはまるものに、チェックをつけてください。

① 視覚

- ☐ 自分のスマホのホーム画面を思い出せる
- ☐ 「レモン」を思い出すと、レモンの映像が頭に浮かぶ
- ☐ 自分の家のキッチンが、はっきりと頭の中に思い浮かぶ
- ☐ お気に入りのお店は、家具やインテリアを重視して決める
- ☐ 「海」を思い出した時、真っ先に海の青さや砂浜が頭に浮かぶ

② 聴覚

- ☐ スマホの着信音を思い出せる
- ☐ お気に入りの曲を頭の中で歌うことができる
- ☐ 好きなタレントの声を頭の中で再生できる
- ☐ お気に入りのお店は、静けさや、かかっているBGMを重視して決める
- ☐ 「海」を思い出した時、真っ先に波の音が聞こえてくる

③ 嗅覚

- ☐ バラの香りを思い出せる
- ☐ 「レモン」をイメージすると、香りをはっきりと感じることができる

□ 自分が好きな香水や、アロマの香りをすぐに思い出せる

□ お気に入りのお店は、漂ってくる香りを重視して決める

□ 「海」を思い出した時、海藻や海水など、いわゆる「海の匂い」を感じる

④ 触覚

□ 馬の背をなでているイメージをすると、その手触りをはっきりと感じられる

□ 「レモン」をイメージすると、レモンを持った手触りを思い出す

□ 自分のベッド（布団）の感触をはっきりと思い出せる

□ お気に入りのお店は、椅子やソファーの座り心地を重視して決める

□ 「海」を思い出した時、海の中に入っている感触や砂浜の柔らかさを感じる

5
日
目

⑤ 味覚

□ 昨日食べた夕食の味を思い出せる

□ 「レモン」をイメージすると、その酸っぱさをはっきりと感じることができる

□ イメージの中で飲み物を飲んでも、その味を感じることができる

□ お気に入りのお店は、とにかく味を重視して決める

□ 「海」を思い出した時、海水のしょっぱさや海の家の食事が真っ先に浮かぶ

さあ！　いかがでしたか？
一番チェックが多かったものが、
あなたが得意とする五感です。

「視覚」が強ければ視覚を、「聴覚」が強ければ聴覚を活用して、妄想していきましょう。

チェックの数が同じものが複数あった場合は、どちらの五感もうまく使っていきながら妄想していきましょう。

「視覚と聴覚にチェックが1つしか入らなかった」という場合も、大丈夫！

その場合は、視覚と聴覚を何とな〜く使いながら、妄想していけばいいんです。

妄想視力診断の時もお話ししたことですが、「妄想視力が高い＝妄想力が高い」というわけではないように、「五感力が高い＝妄想力が高い」ではありません。

「見る力」や「聴く力」が必要なわけではなく、**妄想を「リアルに感じる力」**が必要なんです。

ちなみに私も五感力診断をしたところ、一番強いのは視覚ではなく、聴覚と触覚が2、3個当てはまる程度です。

私の妄想は、**「好きな人の声」**や**「行きたい場所のざわめき、音楽、人々の楽しそうな声」**と、**「好きな人に抱きしめられた感じ」「好きな人に触れられている感じ」「欲しいものを実際に手にした感触」**を駆使しながら、妄想をリアルに感じていると言えます。

情報が溢れている今の時代、人々は五感力が鈍くなっているそうです。
「嬉しい」「楽しい」「気持ちいい」「美味しい」といった、幸福感を与えてくれる感情は、**「視覚」「聴覚」「嗅覚」「味覚」「触覚」の五感**を通して受けた刺激が、脳に伝えられて起こるものです。

妄想で感じた幸福感も、脳にとっては、現実に起きたことと同じだと捉えます。

脳に**「幸せ〜」**という感情が届くと、脳は**「こういう感情が好きなんだね！よしわかった！」**と、また「幸せ〜」を感じられる出来事、情報を見つけようと働き出してくれます。
脳に「何かパッとしない毎日だなあ…」という"不足感"の感情が何度も届いてしまうと、同じようにまた「不足感」を感じられる出来事を体験しようと働き出してしまうんですね。

妄想で幸せを感じることで、それは現実での予告編になります。
自分が得意とする五感を伸ばして、「感じる」力をさらに増し、現実でも体験しちゃいましょう！

それでは、「妄想に加えてこんなことをしたら、もう怖いものなし！」という、それぞれの五感を生かしたワークをご紹介していきます。

「見る力」を高めるワーク

五感力診断で「視覚」が強かった方は、「見る力」を高めていきましょう。

人は、外部から受け取る刺激のうち、約80％が視覚からの情報だと言われています。

「見た」ものはダイレクトに脳に伝わりやすいので、視覚が強い方はラッキーですよ！

私も視覚は強い方ではないと自覚しているので、羨ましい限りです。

視覚が強かった方におすすめするのは、写真や動画を活用した妄想です。

「ビジョンボード」を聞いたことがある方も多いかも知れません。

まず、欲しいものや行きたい場所の写真を用意しましょう。パソコンからプリントアウトしたものでもいいし、雑誌などの切り抜きもいいですね。

そして、その写真や切り抜きを紙にペタペタと貼っていきましょう。よく目にする機会がある冷蔵庫の扉に貼ったり、携帯の待ち受け画面にするのもいいですし、普段持ち歩いている手帳に挟んでおくのもいいですね。

私も「妄想ボード」と名付けてこのビジョンボードを定期的に作っていて、

「ブログアクセス１日20000件！」
「本を複数出版！」
「アメブロオフィシャルになる！」

という願いを書いていました。

自分の本が実際に出る前は、他の作家さんの本が平積みにされている写真

や、行きたい場所の写真も貼っていました。

それらの願いは、次々と現実のものになっています。

妄想に加え、ビジョンボードを活用して恋愛の望みを叶えるなら、理想の相手の写真はもちろん、彼と行きたい場所、プレゼントされたいもの、お揃いで身につけたいもの、デートで着たい服、一緒に暮らしたい部屋のインテリア写真などがいいですね！

私は視覚がそれほど強くないということもあり、作った後は本棚にしまっておき、たまに取り出して眺める程度です。

それでも十分効果はあると感じていますが（もちろん、私は日頃の妄想の成果もあると思います）、視覚が強い方はビジョンボードを見る機会を増やし、「見る」ことで潜在意識に届けていきましょう。

何度も見ることで、ビジョンボードが実際に目の前にない時でも、頭の中にビジョンボードの映像が思い描けるようになるはずです。

彼の表情、彼の服装、彼が乗っている車、デートの場所、一緒に過ごしている部屋…。

これらを妄想の中で見て、感じてくださいね。

では、「聴覚」のチェック数が多かった方は、さらに聴く力を高めていきましょう。

彼とレストランで食事をしている時、どんな音が聞こえますか?

食器が重なる音ですか?　BGMが流れていますか?

目の前にいる、あなたが好きな人の声は優しいですか?

抱きしめられた時、彼の心臓の音が聞こえますか?

外でのデートの時は、どんな音が聞こえますか?

彼の声と、周りの人々のざわめき、風の音、遠くから聞こえる車や電車の音も聞こえるかも知れませんね。

彼の声を思い出す時も、鮮明じゃなくて大丈夫。そして、実際の彼の声じゃなくても問題ありません。

彼の声を知らなかったり、思い出せない。また、まだ理想の人と出会っていないので具体的な声を思い浮かべることができないという場合は、**頭の中で再生するのは「自分好みの男性の声」**で大丈夫。

素敵な声で話しかけられて、胸がときめく。

甘い台詞を囁かれて、ドキドキする。

大事なのは、この「幸せな体験」です。

妄想であっても、疑似体験であっても問題ないんです!　**今体験したこと**

は、未来の先取りですからね。

聴く力が強い方は、日頃の「言葉」も大事にしてください。
「なかなか叶わない」という後ろ向きな言葉ではなく、**「いい感じ！」「どんどん叶ってきてる」「幸せだな〜」** とポジティブな言葉を口にし、自分自身に届けてあげてください。
録音アファメーションも、おすすめです。
録音アファメーションとはその名の通り、アファメーションの文言をスマホアプリなどを使って録音し、何度も繰り返し聞くことです。

アファメーションの文言は
「私は彼に愛されて、とても幸せ」
「素敵な人が、私に夢中になる」
「私の笑顔は、みんなを幸せにしている」
など、自分が聞いて「嬉しいな」と感じる言葉がいいですね！

ただ、注意点があります。
私も「音」や「声」を思い出すことが割と得意なので、録音アファメーションを毎日何時間も行なっていた時期があります。
最初のうちは、自分に自信がついたり、不安感がなくなったりと、明らかに良い効果がありました。
ですが、何ヶ月も続けているうちに、「また今日も聞かなきゃ…」と負担に感じるようになってしまったのです。

アファメーションに限らず、すべてにおいてそうなのですが、

「頑張りすぎ」は禁物です!

自分が「楽しいな」と心地良さを感じることが大切です。
無理なく、自分に合ったものを続けることが肝心ですよ!

 「感じる力」を高めるワーク

「嗅覚」「触覚」「味覚」のチェック数が多めだった方は、「香りを感じる力」「手触りを感じる力」「味を感じる力」が強い方です。 これらに当てはまる方は、全般的に「感じる」力をさらに高めていきましょう。

「感じる力」は「視覚」や「聴覚」を得意とする方も、ぜひ高めてほしい力です。
妄想引き寄せは、「ここにないものを、ある」と感じることが最重要ポイントです。

「しっかり」感じようとするのではなく、「何となく」感じるだけで十分です。
何となく、こんな香りがする。
何となく、こんな触感がある。
何となく、こんな味がする。
それでも十分、あなたの頭の中は「ない」から「ある」になっています。

では、「感じる」トレーニングをさらに続けていきます。

自分の部屋で座り、目を閉じてください。

あなたの部屋には、どんな家具が置いてありますか？
「見る」というよりも、ぼんやりと思い出してください。
前に置いてあるもの、横に置いてあるもの、後ろに置いてあるもの、今、お尻の下にあるものを感じてください。

次に、天井を見上げてください。
天井は、どんな素材でできていますか？
では、天井を頭の中で触ってみましょう。
どんな手触りですか？　ツルツルしていますか？　ザラザラしていますか？

今、実際には天井に触れていないのに、天井の手触りを感じたはずです。
それは、クッションやベッドを触った時の感触とは違うものでしたね。
こうして、人は「実際に触っていないのに、触っているように感じる」ことができます。

実際に天井に触って、本当の手触りを確かめる必要はありません。
心の中で感じたものが、実際にそうだったか、違ったかはどうでもよく、ただ自分が**「欲しいと思っているものがここにある」**と感じたら、それで大丈夫。

普段使っているスマホも、思い出してみましょう。
ホーム画面、スマホの大きさ、手触り、通知音…

実際に手には持たず、目を閉じて、あなたが思い出しやすい五感を使って、頭の中で自分のスマホをリアルに感じてみるんです。

では目を開けて、実際のスマホを見て、触ってください。
頭の中で感じたスマホと、実際のスマホの画面、音、手触りは違ったかも知れません。
それでも、確かに頭の中で「自分のスマホ」だと感じましたよね。

妄想で「そこに、あると感じる」のも同じです。

今、好きな彼がいるとして、妄想の中で思い出した人物が好きな彼の顔とそっくりじゃなくても、映像がぼんやりしていても、声が違ったとしても、自分が「好きな人が、今ここにいる」と感じたら、それで十分。
何度も繰り返しますが、**目的は「妄想を上手にすること」ではなくて、「自分が幸せを感じること」**です。

では、最後のワークです。

Work 2 〉 自分だけの妄想シーンを作る

- もう一度自分の頭の中で、自分が体験したい場面を再生しましょう。
- もう一度自分の頭の中で、自分が聞きたい声、音を再生しましょう。
- もう一度自分の頭の中で、自分が感じた香り、手触り、味を体験して
  みましょう。

2日目で、あなたが体験したい未来をじっくり書き出しましたね。

そのリストを見ながら、あなただけの妄想をつくり上げていきましょう。

ストーリーは、あってもなくても大丈夫。

自分が幸せを感じることができれば、その妄想があなたにとっての正解
です。

では、さらに望む未来を具体的につくって、その未来をリアルに感じてい
きましょうね！

5日目

〈6日目〉

妄想をリアルに感じて、未来に旅をする

前回は、「見る」「聴く」「感じる」力を高めていきました。
自分はどの五感を得意とするのかを知り、これからの妄想に活用してください。
では、今回はいよいよ、あなただけの幸せな妄想をつくっていきましょう。

この妄想があなたの未来を決めていきますので、重要ですよ！

まず、妄想は**「あなたが心から楽しいと思えるもの」「心からワクワクするもの」「心から幸せだと感じるもの」**でないと、意味がありません。

あなたが好きなもの。
あなたがワクワクする場面。
あなたが体験したい幸せな未来。

これらを、一番知っている人は誰だと思いますか？

96

あなたの家族？

あなたの友達？

あなたの先生？

どれも、違うんです。

あなたのことを一番知っている人は、あなた自身です。そして、叶えた未来を一番知っているのは、未来のあなたです。

今、考えていることが未来をつくります。

妄想も、未来をつくる行為です。

幸せな未来を妄想していたら、少し先の未来で幸せな出来事が起こる可能性が高まり、未来を心配していたら、その心配事が現実のものになってしまう可能性が高まりますね。

「未来のあなた」は今、この瞬間につくり出すことができます。

さらに、未来から今に時間が流れてきて、**「未来の自分にアドバイスをもらう」**ことも可能だと私は考えています。

急に突拍子もないことを言い始めましたが、大丈夫！

アインシュタインも「過去・現在・未来の区別は単なる幻想にすぎない」と言っています。

「時間」という概念が存在しないのであれば、未来の自分にコンタクトを取ることも可能なはず！

潜在意識は、時間軸がないとも言われています。

ということは、未来のデータも入っている。

私も、初めて夫を見た時「この人とどこかで会った気がする」と感じました。

初対面だったのに、なぜか懐かしい感じを覚えたのです。

潜在意識に入っている未来のデータが**「この人と結婚する」**と知っていたから、初めて見た時に懐かしく感じたのだとしたら…？

また、引き寄せや潜在意識関連の本を全く読んだことがなかった私が、奥平亜美衣さんの著書を初めて目にした時も、なぜか理由もなく**「読みたい！」**という衝動に駆られました。

これも、「自分もいつか本を出す」ということを知っている未来のデータが教えてくれたサインだったとしたら…？

考えただけでワクワクしますよね！

宿命や運命というものがあるのだとしたら、もともと自分の潜在意識にセットされているものが、宿命や運命と呼べるものなのかも知れません。

だけど、運命はきっと変えることができます。

自分の運命が「結婚をしないで孤独に生きていく」「お金に恵まれない」というようなものであったとしても、

気に入らない運命なんて
変えちゃえばいいんです。

運命通りの人生を生きていくのか。
運命以下の人生を生きていくのか。
運命以上の人生を生きていくのか。

たった一度の自分の人生です。
決められたシナリオに沿って生きていくのではなくて、自分でどう生きていくか、どう生きていきたいか、決めちゃいましょう。
シナリオを書き換えてもいいし、新たにつくり出してもいいんです。

では、「未来のあなたを、いまつくり出す」方法と、「未来の自分に聞いてみる」方法を詳しく見ていきましょう。

未来のあなたを、つくり出す

2日目の『「今の現実」と「望み」を知る』の中で、自分の願いをしっかりと書き出してもらいました。
未来では、こういう人と、あんな恋愛をして、その時の自分はこんな服を着ていて、こんなメイクで、こんな場所に行っている…という予定リストを

書いたのでしたね。

まだうまく書けない…という方は、違う視点から、自分の願いをあぶり出してみましょう。

それは、**「自分がイヤなもの」「不満に思っていること」から願いを知る**というやり方です。

もう、自分の願いがはっきりしているという方も、新たな発見があるかも知れないので、ぜひやってみてくださいね！

Work 1 〉 自分の"キライ"を知る

イヤなことや不満点をそのままにして、「まあこんなものだろう」と受け入れるのではなくて、自分の「好き」と同様に「キライ」なこともきちんと把握しておきましょう。

① 現在、不満に感じていることは何ですか？

(例)恋人がいない、出会いがない、好きな人が振り向いてくれない、収入が低い、家が狭い、など

② この先の人生において、「これだけはイヤだ」と
感じていることはありますか？

（例）彼にフラれること、ずっと一人で生きていくこと、彼に浮気をされるこ
と、仕事を失うこと、毎日満員電車に乗ること、など

③ 3年後も、今と同じだったらイヤだなあと感じることは？

（例）独身生活、仕事、収入、家、職場の人間関係など

④ 今、絶対に失いたくないと感じるものは何ですか？

（例）家族、健康な体、仕事、自由な時間、など

①、②、③の現在の不満点と「イヤだなと感じるもの」を**くるりとひっくり返すことで、自分が望んでいることがわかります。**
また、④の「失いたくない」と感じているものは、**「今、自分が持っている大切なもの」**と言い換えることができます。

自分が望むものと、この先も失いたくないと感じているもの。
それらを全部手にし、叶えているのが、あなたの未来の姿です。

潜在意識は、あなたがどんなことを考え、行動しているか、いつも見ています。
「恋人がいない人」は、「恋人がいない人」として物事を考え、動いています。
「恋人がいる人」は、「恋人がいる人」として物事を考え、動きます。
「年収300万円の人」は「年収300万円の人」として物事を考え、動いているのと同じです。

実際は「恋人がいない」のに、「恋人がいる」自分になり、思考も行動も変わっていくと、はじめは潜在意識も「あれ?」とビックリします。
ですが、何度も「恋人がいる自分」として幸せな恋愛を妄想し、行動していると、潜在意識は「あ、私は素敵な恋人に愛されている、魅力的な人間なんだ」と錯覚し始めてくれます。

この錯覚に合わせて、まずは自分の思考や行動が変わり始めます。
今まで行きたいと思ったことがない場所に急に行きたくなったり、服装やメイクを変えたくなったり、付き合う友人関係も変わってきます。
「なぜか気になる」「自然と体が動く」といった変化になるので、無理な頑張

りは必要ありません。

思考と行動が変われば、それに応じて自分の現実が変わっていくのは必然ですね。

ただ、潜在意識には「変わりたくない」という現状維持システムも備わっているので、変化も恐れます。

「行きたい」「やりたい」と思っても、「怖い」と感じてしまったり、「こんな服が着たい！」と思っても「私に似合うわけない」と思ってしまったり…。

でも、こんな時こそ

すべてを叶えた自分の姿を
思い出してください。

願いを叶えた未来のあなたは、着たい服を着て、行きたい場所に行って、素敵な人と一緒に幸せそうに笑い合っているんです。

6日目

Work 2 〉 今、未来の自分を体感する

では、妄想ワークです。

前回のワークを思い出してくださいね。

はっきり見る必要はないし、聞く必要もありません。何となく「感じる」だけでいいのでしたね。

ただ、はっきりと見る必要はありませんが、**「何となく見えた」「何となく聞こえた」**と、印象に残ったものは覚えていてください。

扉の向こうに、すべての願いを叶えた未来のあなたがいます。

ある扉には3年後のあなたが、別の扉には10年後のあなたが、また違う扉には20年後のあなたが待っています。

今から扉を開けて、未来のあなたに会いに行きます。楽しみですね！

では、3年後のあなたに会いに行きましょう。

いくつもの願いを叶えて、幸せそうに笑っているあなたがいます。

雰囲気がちょっぴり変わっているかも知れませんが、今目の前にいるのも、間違いなくあなた自身です。

- 未来のあなたがどんな服を着ているか、見えますか？
- 未来のあなたから、何色のオーラが見えますか？　何となく感じたもの、で大丈夫です。
- 未来のあなたは、まず最初にどんな言葉を口にしましたか？
- 未来のあなたの隣には、どんな素敵な人が立っていますか？
- 未来のあなたの周りに、見えるものはありますか？

あなたが欲しいものはすべて与えられ、叶っている世界がここにあります。
遠慮はしないでください。
今の現実も、考慮しなくて大丈夫。
たかが妄想、ではなく、あなたが幸せを感じたら、潜在意識はその「幸福感」をしっかりキャッチし、また現実でも同じものを映し出してくれます。

では、未来のあなたに近付いて行きましょう。
未来のあなたが、今のあなたに近付いてきても大丈夫です。
しっくりくる方を、選んでくださいね。

そして、今のあなたと未来のあなたが重なる様子を、イメージしてください。
今、あなたは、すべてを叶えた未来の自分になっています。

先ほど、未来の自分が着ていた服を、今のあなたが着ています。
未来の自分の隣にいた素敵な人は、今、あなたの隣にいます。
未来の自分の周りにあったものは、今、あなたの周りにあります。

とても素敵な服で、あなたに似合っていますね。
あなたの隣にいる人は、あなたを優しい表情で見ています。

隣にいる人に、どんな言葉をかけますか?
隣にいる人は、どんな言葉を返してくれましたか?

周りにあるものも感じてみましょう。

実際に首を動かし、前にあるもの、右にあるもの、左にあるものに頭の中の手で触れて、感じていきます。

大切な人の声以外に、他にはどんな音が聞こえますか？
香りは感じますか？

今の時間、あなたはすべてを叶えたエネルギーになっています。
この未来は、ちゃんと存在しています。
この幸せな未来を、手繰り寄せてください。
望む未来を選び、見つめ続けることで、この未来は本当のものになります。

Work 3 〉 願いを叶えた未来に近付く

妄想ワークで見えた未来のあなたの姿を思い出してください。

① 未来のあなたと今のあなたで、違う部分はどこでしたか？

(例)髪型、服装、体型、つけているアクセサリー、話し方、など

② 未来のあなたと今のあなたで、
変わっていない部分はどこでしたか？

③ 印象に残ったものはありましたか？

(例)身につけていた時計、イヤリング、周りの風景、隣にいる男性、家族が増
えていた、など

見えた妄想の世界は、あなたの未来の可能性の一つとして、もう存在しています。

頭に浮かぶということは、その世界はもう「ある」ということです。

自分の心の中で何度もこの未来を体験することで、現実でもそれを体験するための状況が揃い始めます。

妄想しているだけでも十分な効果はありますが、この未来がやってくるのを待つだけではなく、「今の自分」から「未来の自分」に近付いてみましょう。

未来のあなたが着ていたような服を買ったり、同じようなアクセサリーを身につけましょう。

そうすることで、「今」と「未来」が引き合う力がさらに強くなり、現実化までの時間を短縮することができます。

「叶ってから」「状況が整ってから」ではなく、今、この瞬間から「なる」。

これが、自分の思うままに現実を変えていくコツです。

10年後、20年後のあなたにも会いに行き、すべてを叶えた自分を体感してくださいね。

一度だけではなく、何度もこの時間を取るようにしてください。

妄想は「時間ができたらやろう」と後回しにしていい時間ではなく、本当は何よりも優先して欲しい時間です。

だって、自分の未来をつくっている
大切な時間ですからね！

未来の自分を知り、体験することで、「今」の自分の考え方や行動も変わります。

これが、未来から今に時間が流れて来ている、ということです。

今の自分のまま物事を考え、行動するのではなくて、**「叶えた自分」として行動する。**

これで、叶えた未来とのエネルギーがバッチリ合い、その未来は着実に現実のものになってくれます。

未来の自分に、応援してもらう

では、次は未来の自分に力を借りて、願いを実現させましょう。

未来のあなたは、今よりももっと笑顔が素敵で（今は素敵じゃないということではありませんよ！）、余裕があって、愛に溢れています。

そんな未来のあなたが、今のあなたを全力で応援してくれています。

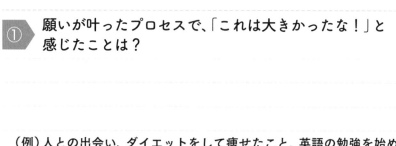

Work 4 〉 未来の自分に、アドバイスをもらう

未来のあなたを頭の中に映し出して、インタビューをしてみましょう。

① 願いが叶ったプロセスで、「これは大きかったな！」と
　感じたことは？

（例）人との出会い、ダイエットをして痩せたこと、英語の勉強を始めたこと、
　　　転職、趣味を始めたこと、など

② 願いを叶えた未来の自分にはあって、今の自分にないもの、
　足りないものは？

（例）人との交流、勇気、大胆さ、美意識、夢中になれる趣味、など

③ 今までに大きな幸せを感じた出来事は？

(例)彼に告白された時、素敵な人と結婚したこと、家族旅行、宝くじに当たった、など

④ これから、どんな楽しいことが起きると思う？

(例)新居に引っ越し、彼とお店を始める、家族が増える、仕事で成功する、など

⑤ 宝物は何？

(例)家族、仕事、趣味、自分の体、知識、など

未来の自分へのインタビューは、私もよくやっています。
ふとした時や寝る前に「そういえばあの願いってどうやって叶ったんだっ

け？」と心の中で問いかけてみるんです。

すると、突然印象的な夢を見たり、ふっとアイデアが生まれてくることが
あります。

**そういったものは全部メモ！　気になったフレーズなどは調べるし、すぐ
に実行できそうなものは行動に移します。**

未来に旅をする感覚で、未来の自分の生活もよく妄想しています。

「見ることができる」「妄想することができる」ということは、そのデータが
潜在意識の中に入っているということです。

垣間見た「未来の私」は、今よりもしっかりと体のケアをしていました。

だから「今の私」もしっかりと体のケアをしています！

「こんなことしても、何か意味があるとは思えない」と自分の意識で切り捨
てたりせず、まずはやってみましょう。

叶った時の嬉しさ。

叶った手段。

叶えるために大事にしたもの。

これらは、未来の自分が知っています。

潜在意識には、未来のデータも入っていることを、思い出してくださいね。

「未来の自分＝潜在意識」にアクセスして、ぜひ願望実現の日を近付けてく
ださい！

私が、未来の自分を頭に思い浮かべると、いつも

「あの願いも叶ったよ」
「大丈夫だよ」
「今、私も幸せだよ」
と未来の自分が嬉しそうに笑いかけてくれます。

同じように、過去の自分の姿を思い出し、

「大丈夫、叶ってるよ」

と心の中でつぶやいたりもしています。

今の自分と同じように、過去の自分も、未来の自分も、いくつかの願いを叶え、また新たな夢に向かって進んでいます。

「今の自分」も「未来の自分」も
「過去の自分」も、みんな同じ。

みんな、自分にとっての一番の味方であり、最強の応援団です。

「これは所詮妄想だから」「現実とは違うから」と、妄想の世界と現実世界を分けないでくださいね。
妄想であっても、現実であっても、脳はそれを同じことだと捉えます。
自分の心の奥深くでは、それが妄想であっても、架空の世界であっても、「本当に素敵な人に愛されている」「私は本当に幸せ」と感じているのです。

自分の内側が先、現実が後。

自分の内側で何度も流した映像は、現実というスクリーンに反映されます。
そして自分の内側で体験した幸せな感情を、再び現実で体験することができるのです。

妄想を、毎日の習慣に取り入れてください。

現実や運命を変えるには、かなりのエネルギーが必要です。
ですが、継続することで必ず変わっていきます。

次回は、時間が取れる時の「じっくり妄想」と、忙しい時の「ちょっぴり妄想」をご紹介していきます！
どんな時間も無駄にせず、楽しみながら習慣を変えていき、自分の未来をより幸せなものにしていきましょうね！

未来の自分は、
いちばんの応援者

〈7日目〉

「じっくり妄想」と「ちょっぴり妄想」を使い分ける

たっぷり時間をとって妄想したら、それだけ「叶った状態になっている」時間が長くなるので、現実の変化もそれに応じて早くなります。

ただ、誤解しないでくださいね！

「妄想はたっぷり時間をかけなきゃいけない」というわけではありません。

ゆっくり妄想できる時間があるなら、質で勝負！　「感情」で潜在意識に届けていきましょう。

これが、「じっくり妄想」です。

ゆっくり妄想できる時間がないなら、回数で勝負！　「イメージ」で潜在意識に届けていきましょう。

これが、「ちょっぴり妄想」です。

では、それぞれ見ていきましょう。

まず**「じっくり妄想」**は、夜寝る前や、一人でぼーっとできる時間にゆっくりと妄想に浸ることです。
願いが叶った未来に旅をする感覚で、その未来を頭の中で疑似体験する。
ここまでのワークで、あなたが体験したい未来ははっきりと決まりましたか？
まだという場合は、もう一度これまでのワークに戻り、「自分が好きなもの」「自分が変えたいもの」「自分が体験したい恋愛」をしっかりと見つけてきてくださいね！

そして、妄想は「見る」のでも「聞く」のでもなく、「感じる」ことが大切でしたね。
妄想しながら感じている「嬉しい」「楽しい」「ドキドキする」「安心する」「幸せ」という感情を潜在意識に届けていき、今の自分のエネルギーを「幸せ」なものに変えていく。
すると、最高に幸せな未来とのエネルギーがぴったりと合い、その未来がやってきてくれるのでした。
未来はもう決まっているものではなく、自分自身が、毎分、毎秒つくり上げているものです。
なかなか時間がとれない方も、夜寝る前や電車などでの移動時間にはぜひ、**「じっくり妄想」**をして幸せな未来を先取りしちゃいましょう。

では、なかなか時間がとれない時の**「ちょっぴり妄想」**です。
「私はたっぷり時間が有り余ってるわ！」という方は少なく、ほとんどの方

が「ちょっぴり妄想」しかできないのではないでしょうか。

でも大丈夫！

私も、会社勤めをして育児もして本の原稿も書いていた頃は、「一日が10時間に減ってない！？」と感じるほど時間が過ぎるのが早いものでした。

それでも、その頃私が妄想していた
「家で仕事をする」
「子供の帰りを、家で待つ」
「出した本が書店に平積みになる」
「沖縄に長期旅行する」
「家族でゆっくりと過ごす時間が増える」
という願いは、すべて叶いました。

「忙しくて時間がない」は、
「妄想できない理由」にはなりませんよ！

時間がないならないなりに、できることをする。
ほんの一瞬だけ叶えたい場面を妄想したり、何かをしながらの**「ながら妄想」**でも妄想パワーは十分蓄積されていきます。
妄想する、というよりも、「イメージする」「思い浮かべる」という妄想方法を使い、「回数」で勝負しましょう！

Work 1 〉 色でイメージ妄想

**あるシチュエーションを頭に思い描くタイプの妄想以外に、私がよくする
妄想が、色を使った妄想です。**

恋を叶えたい方や、きれいになりたいという願いがある方は、**ピンク色**が
おすすめです。

豊かさを叶えたい方は、**黄色**や**金色**がおすすめです。

多くの願いを叶えたい方は、**虹色**のイメージもいいですね！

それらの色を頭に思い浮かべ、**その色が自分の全身を満たしていくイメー
ジ**をしてみましょう。

そして、**その色が自分の内側から外側に溢れ出していくイメージ**をします。

私は、うっかりニキビができてしまった時に、ニキビができた部分に重点
的にピンク色のパワーが届いているところをイメージします。

そうして、「ニキビそのもの」に意識を向けるのではなく、本来の肌に戻っ
たところを妄想します。

健康面で不安がある部分に色のパワーを届ける妄想も、効果があります
よ！

色のパワーが自分の中にも外にも満ち溢れているイメージを、外を歩いて
いる時や、ちょっとした空き時間にしてみてください。

イメージは、自分自身を変える力を持っています。

自分の内側が変わると、それに応じて周りの反応も、現実も変わり始めます。

「自分はどうありたいか」をいつも頭の中に思い描き、色のパワーを使って、自分の内側から溢れ出るエネルギーを感じてくださいね。

Work 2 〉 光のエネルギーのイメージ妄想

これは、私が最近始めたイメージ妄想です。

かなりの効果があるので、皆様にもご紹介しますよ！

まず、好きな人や、大切な人を頭に思い浮かべます。

はっきり思い浮かべようとしなくても、ぼんやりで十分ですよ！

頭に浮かべたら、好きな人を抱きしめているイメージをします。

好きな人を抱きしめている自分自身から、どんどん光が放たれていくイメージをしてください。

そしてその光のエネルギーが、好きな人と自分を包み込んでいくイメージをしましょう。

好きな人や、大切な人が、その光に包まれて安心している様子や、嬉しそうに笑っている姿を妄想します。

「あなたが笑っていて、本当に嬉しい」
「あなたが幸せそうで、私も幸せ」
と、あたたかくなる気持ちを感じてみましょう。

私は、このイメージ妄想を夫と娘にしてみました。
すると娘は、ある日には「今日体育でいい結果が出たよ！」と喜び、ある日には「今日の漢字テスト、自信あるよ！」と嬉しそうに報告してくれたのです。
夫は、通っているゴルフスクールで近頃悩んでいることがあったのですが、その悩み事は解消され、さらに「父親ぐらいの歳の人と、仲良くなったよ」と嬉しそうに話してくれました。

人は、無意識下でつながっています。

「あの人が笑っていてほしい。幸せでいてほしい」と誰かの幸せを願うと、その思いはお相手の無意識にそっと届きます。

一方的に人を変えようとしても、それはうまくいきません。
「あの人が変わってほしい」
「あの人に私を好きになってほしい」
というエネルギーは求める波動になってしまい、人の自由を奪うエネルギーとしてお相手に届いてしまいます。

誰かを変えようとしても、それは逆効果になる可能性が高いですが、「自分

の世界の、あの人の役割を変える」ことはできます。

自分が自分の世界をつくり上げています。

自分は、世界をどのように扱うのか。

自分は、世界からどのように扱われるのか、決めることができるのは自分なんです。

今の現実を、自分の妄想にまで引っ張ってくる必要はありません。

妄想の中で、好きなあの人に何でも与えてもらってください。

好きなあの人に、自分の世界で「ただの他人」という役を割り当てるのか。

好きなあの人に、自分の世界で「違う女性と結ばれる人」という役を割り当てるのか。

好きなあの人に、自分の世界で「私に夢中な人」という役を割り当てるのか。

また、「嫌な上司」にいつまでも「嫌な上司」という役割を当てることもありません。

職場の環境を良くしたければ、「嫌な上司」が「優しい上司」になったところを妄想してみましょう。

先に自分の内側を変えることで、世界が変わっていくことはごく自然な法則なんです。

自分の世界の中の、誰かの役割を変えることができるように、誰かの状況を変えることもできます。

先ほどの光のイメージ妄想では、私の娘と夫の状況が変わりました。

これを全部、「私が光のエネルギーを送ったからだわ！」と思っているわけではありませんよ！

もちろん、そこには本人の努力や行動もあります。

ですが、**「祈りの力はあり、他人に対しても効果がある」**と科学的にも証明されているように、優しいエネルギーは自分以外の誰かにも確実に届きます。

そして、想った人の状況が好転したり、その人が持っている以上のパワーを発揮できることもあると私は確信しています。

エネルギーは目で見ることができませんが、確かにそこに存在しています。

近くにいる誰かがイライラしていると、何も言葉にしていないのに、**「あの人イライラしてるなあ」**と感じることがありますよね？

優しいエネルギーも、同じ。人は、潜在意識の下で互いに影響し合っているんです。

そしてそれは**「自分の世界の、あの人の状況を良いものに変える」**ことにも繋がっているのです。

今、好きな人がいないという方は、「こんな素敵な人と恋がしたい」と思うような男性をぼやっと思い浮かべ（はっきり思い浮かべることができる人ははっきりと、ぼんやりの人はぼんやりで大丈夫です！）、その人を優しく抱きしめるイメージをしてください。

これだけで「欲しい」という波動ではなく、「私にはもう素敵な人が"いる"」という波動に変わります。

自分の中に生まれた優しくあたたかいエネルギーは、現実を変えるには十分すぎるパワーを持っていますよ！

Work 3 〉 新たな習慣にちょっぴり妄想を加える

では、一日のタイムスケジュールに沿って、**イメージ妄想も加えた「ちょっぴり妄想」**と**「ながら妄想」**を駆使していきましょう。

時間がある時、余裕がある時は、ぜひここから「じっくり妄想」に進化させてみてください！

 起床と同時に、「願いが叶った場面」を思い浮かべる。

寝起きは頭がぼーっとしていますが、こういう時ほどイメージしたものが潜在意識に届きやすいので、寝起きの妄想はぜひ習慣付けましょう。

恋を叶えたい人なら、**「隣に彼がいる」**と感じてみる。

彼はどんな声で**「おはよう」**と言うかなと妄想する。

「朝、彼と何を飲もうかな」とコーヒーや紅茶の香りを感じてみる。

「朝にそこまで妄想する余裕はない」という方は、自分の頭からつま先までが、**ピンク色**や**ゴールド**に満たされていく色のイメージを持ちましょう。

現実に自分が合わせるのではなく、自分に現実が合ってきてくれます。

朝から良いエネルギーを全身に蓄えて、素敵な一日にしましょうね！

歯磨きをしながら「今日、これから彼と会うんだ」と
心の中でつぶやき、「これから好きな人と会う私」になってみる。

 部屋の窓を開けて、
1万円札がヒラヒラと自分の元に舞ってくる妄想をする。

かなりおすすめのちょっぴり妄想です！

新鮮な空気とともに、**大量の1万円札が自分の元に飛んでくるイメージを
しましょう。**

 時間がある方は、「じっくり妄想」に進化させます。

そのまま深呼吸しながら、「叶えた自分」になって、外の空気や、聞こえてく
る音を感じましょう。

「今」も「叶えた未来」も、目に見える空の色や、感じる風の気持ちよさは何
一つ変わっていません。

変わっているとしたら、「自分の感じ方」だけなんです。

今、あの人との恋が叶ったら。

今、ずっと手にしたかった幸せが現実のものになったら。

叶った場面を妄想しながら、もう一度外の空気を感じてください。

この時間は、確実に**「叶った世界」に心がワープ**しています。

今は実現した場所にいるのは「心だけ」かも知れませんが、これを繰り返す
ことで、自分の体がいる場所に、願いが実現した現実がやってきてくれる
のです。

朝食を用意する時は、
彼や旦那さんに作っているつもりで支度する。

実際に二人分作る必要はなく、「つもり」になっているだけで十分、自分を
まとうエネルギーは変わっています。
**「彼にも栄養をとってもらわなきゃ！」「彼は薄味が好きだから、これは気
に入ってくれるはず！」**と頭の中にいる彼との生活を自由に楽しんでくだ
さい。

 メイクをする時は、仕事モードでも恋愛モードでも。

スイッチが仕事モードに入っている時は、仕事で成功した自分を妄想しな
がら、メイクをしましょう。
職場の人々は、どんな表情であなたを見ていますか？
周りから、どんな言葉をかけられますか？

恋愛モードの時は、これから向かうのが会社だとしても、彼とデートする
自分になってメイクしちゃいましょう。
鏡の向こうに、彼の姿を感じながらメイクしてください。
彼にとってあなたは、世界で一番可愛い人です。

 「じっくり妄想」に進化！

どんな目で彼のことを見つめますか？
彼にキスをされる唇には、どんなリップを塗りますか？
あなたの体はもうあなただけのものではなく、彼にとってもとても大切な

ものです。

彼はどんなふうに、あなたの顔や髪に触れますか？

自分の指を彼の指のように感じながら、頬や唇に優しく触れてください。

 仕事中もどんどん妄想してください！
…と言いたいところですが、なかなかそうもいきませんね。

だけど、ちょっとした隙間時間にちょっぴり妄想をしていきましょう。

廊下を移動している時、ほっと一息ついた時、トイレで一人になった時…。

できる範囲で、**「彼と楽しそうにおしゃべりしているところ」「彼と食事をしているところ」「彼に優しく抱きしめられているところ」「彼に『好きだよ』と囁かれているところ」**などをパッと頭に思い浮かべてみましょう。

もちろん、先ほどご紹介した**「色のイメージ妄想」**や**「光のエネルギー妄想」**もおすすめです。

忙しく、なかなか時間が取れなくても諦めないでくださいね！

じっくり妄想でも、ちょっぴり妄想でも、ながら妄想でも、大切なのは「叶った状態になっている時間を長くする」ことです。

時間がないなら、回数で勝負！

「もう叶っている」というエネルギーに自分がなること。

この繰り返しが、現実を変えてくれます。

携帯を見ていない時間こそ、携帯を感じる。

携帯を触っていない時間は、**「こんな通知が来ていたら嬉しいな」**と感じる画面をパッと頭に浮かべてみましょう。

あなたが見たい画面は、好きな人からのメッセージでしょうか。
それとも、入金履歴がずらっと並んでいる画面ですか?

携帯の画面を見るたびに、嬉しくて笑顔になってしまう。そんな現実も、つくってしまいましょう。
携帯に光のエネルギーを注ぐイメージ妄想もいいですね!
携帯はただの連絡を取るための手段や、暇つぶしの道具ではなく、あなたに大きな幸せを運んできてくれるアイテムです。

 仕事終了。「今日はこれからデート」と思いながら、
胸を張って軽やかに歩く。

今日はどんな一日でしたか?
嬉しいことがあった日は自然と姿勢も良くなるものですが、ちょっぴりイヤなことがあった時こそ、胸を張って歩き、目線と口角を上げましょう。

「現実で起きたこと」にどっぷり浸り続けることはないんです。
心のモヤモヤがすぐには晴れなくても、姿勢や、言葉はすぐに変えることができます。
「大丈夫、だってこれからデートだし!」と心の中でつぶやき、自分の周波数を変えていきましょう。

余裕があれば、「じっくり妄想」に！

彼との待ち合わせはどんな場所ですか？

彼はどんな乗り物を使って、あなたの元にやって来ますか？

彼と、何を食べに行きますか？

彼と歩く時は、手を繋ぐ？　腕を組む？　彼はあなたの右側に立つ？　左側？　彼との身長差は？

素敵な彼が今、あなたの隣に本当にいるかのように感じてください。
「いてくれたらいいのに」ではなく、「いる」と感じることがポイントです。

 ## 入浴時も、絶好の妄想タイム。

リラックスしている時ほど、頭に思い浮かべた映像はスッと心の奥深くに届いてくれます。

入浴中ずーっと妄想し続ける必要はありません。

**「こんなことになったらいいな」と思う場面を、一瞬でも頭に思い描く。
そして、それを何度も繰り返す。**

自分だけに見せてくれる彼の笑顔。

彼の優しい声。

彼の大きな手。

行きたい場所に行き、幸せを感じている自分。

住みたい場所に住み、心地よさを感じている自分。

今、同じ家にいる大切な人を感じ、安心感を覚えている自分。

これらを、映画の予告編を見るように、いろんなシーンを頭の中に流して
いきましょう。
映像はぼんやりしていても大丈夫。
自分が見たい風景や体験したい場面を、先に頭の中で上映してください。

 夜寝る前は、必ず良いイメージで。

夜寝る前の妄想が、最も潜在意識に届き、効果的です。
「妄想する元気がない」という場合でも、良いイメージを思い描くことを習
慣にしてくださいね。
自分の体がエネルギーで満ち溢れる色のイメージ妄想でもいいし、**大切な
人を光で包み込む妄想**もいいですね。
また、**「毎晩10人に心の中でありがとうと呟く」**のもとてもいいですよ！

じっくり妄想ができる方はもちろん、リラックスして叶えた未来の世界に
旅立ちながら、一日を終えましょう。

このちょっぴり妄想タイムスケジュールは、「これだけやらないと変わらな
い」ということでは決してありません。
「この程度の短い妄想でも、十分効果はある」
「どんな隙間時間も、ながら時間も、良いイメージの時間に変えられる」
というふうに捉えて欲しいんです。

それぞれライフスタイルがあると思いますので、自分の生活に当てはめて、「無理なく、楽しく」やっていくことを忘れないでくださいね！！

「頑張りすぎるんじゃなくて、ゆる～くでも続ける」が合言葉です！

この数回は、しっかりと「妄想」についてお話ししてきました。
次回は、妄想している時間に加え、日々の習慣を変えていくことで、さらに現実の変化を確実なものにしていきます。

7日目

〈8日目〉

妄想時間だけじゃなく、日々の習慣も変えていく

ここまではじっくりと、妄想の内容や、妄想方法についてお話ししてきました。とはいえ、妄想法をマスターしたといっても、24時間ずっと妄想しているわけにはいきませんね。

私は今、健康や若々しさを保つために、ストレッチや表情筋トレーニングを毎日しています。

トレーニングを一日に1時間、一生懸命頑張ったとしても、それ以外の時間をしかめっ面で過ごしていたり、姿勢が悪かったり、体に悪いものばかりを食べていたら、せっかくのトレーニングやストレッチの時間が無駄になってしまいますね。
トレーニングをしていない時間でも自分の体に意識を向ける必要があるように、妄想をしていない時間でも、自分の思考や行動に意識を向けていきましょう。

願いが叶った妄想の世界を現実のものにするためには、叶った自分のエネルギーと今の自分のエネルギーが同じになる必要があります。

いくら妄想をしていても、今の自分が「今の自分のエネルギーのまま」でいる限り、妄想の世界が現実になることはありません。
残念ながら、「ただの妄想」で終わってしまうんです。

例えば、妄想の中では好きな彼に愛されているとします。
妄想の中の自分は幸せに満ち溢れ、彼のことも、自分自身のことも、大切に扱っているでしょう。
でも、現実に目を向けた途端、**「どうせまだ叶ってないから」**と自分自身のことをぞんざいに扱っていると、妄想の世界のエネルギーと今の自分のエネルギーに差が出てしまいます。

妄想の世界のエネルギーを、現実にも引っ張ってきちゃいましょう。

ただ、「妄想の中では彼とラブラブだから〜♪」と、現実の彼に対してもそのつもりで接してしまうと、彼はびっくりしてしまいますね。
ですが、**「彼に愛されてる私ならこうするかな」**とダイエットを始めてみた

り、メイクを変えてみるという行動なら、誰にも迷惑はかけません。

妄想の世界に生きすぎても、現実の世界に生きすぎても良くなく、あくまでもバランスが必要ですが、現実社会に支障が出ない程度に、人に迷惑をかけない程度に、今の現実でも妄想の世界を生きてしまいましょう。

2日目のワークでは、あなたの脳内をチェックしました。
今回は、「時間」の使い方のチェックをして、実際の行動を見ていきましょう。

Work 1 〉 自分のタイムスケジュールを知る

① 昨日のあなたの一日の過ごし方を思い出してください。

それぞれの時間帯に何をしていたか、書き出してくださいね。
「スマホを触っていた」「テレビを見てた」など、できるだけ詳しく書いてみてください。
仕事の日と休日で分けるのもいいですよ！

　　6：00
　　7：00
　　8：00
　　9：00
　10：00

11：00

12：00

13：00

14：00

15：00

16：00

17：00

18：00

19：00

20：00

21：00

22：00

23：00

24：00

　1：00

　2：00

　3：00

　4：00

　5：00

② 一日のスケジュールの中から、「この時間は何となく過ごしてしまったな」と思うものがあれば、チェックしていきましょう。

（例）何となくスマホでSNSを見ていた、見たいわけでもないテレビを見ていた、友達とずっと愚痴を言っていた、など

はい！　このタイムスケジュールが、あなたの「今の自分」のエネルギーで過ごしている一日です。
願いを叶えた自分のスケジュールは、どのように変わっていくでしょうか？

ひらめきがあったら、とにかく動く！

願いが叶うということは、多かれ少なかれ「世界が変わる」ということです。
世界が変わることを恐れず、小さな変化を自ら起こしていきましょう。

6日目に、未来の自分に会いに行くワークをしました。
毎日の行動も、「今の自分」として行動するのではなく、「願いを叶えた未来の自分」として行動していきましょう。

何かを始める時や行動する時に、「でも、できない」「どうせダメだろう」と思ってしまうのは、**過去の記憶を使っています。**
叶った未来を見つめながら行動することは、**未来の記憶を使っています。**

ダイエットをする時も、「過去」や「今」の記憶からスタートすると
「太っていて嫌だな」→痩せようと頑張ってみる→「どうせ、ダイエットを頑張ってもそんなには変われない」→「今、痩せても意味はないかも知れない」と、**「痩せたい」という気持ちはあっても過去と今の記憶に縛られてい**

る限り、大きな変化は訪れません。

「未来」の記憶からスタートすると
「素敵な人と結婚している」→どうして結婚した？→**「彼に溺愛されたから」**→どうして溺愛されたんだっけ？→**「いきいきと過ごしている私に彼が魅力を感じてくれたから」**→どうして私は魅力的にうつったんだろう？→**「笑顔が可愛くて、自分に自信を持てたから」**→どうして自分に自信を持てた？→**「ダイエットして理想のスタイルになって、おしゃれやメイクが楽しくなった」**→ダイエットしよう！→**食事を見直したり、体を動かす時間を増やす**

このように、「今ダイエットすること」と「幸せな結婚」を結びつけてしまえば、ダイエットも楽しみながらできそうですよね。

部屋の掃除をする時も、「過去」と「今」からスタートすると
部屋が汚くて嫌だな→片付けてもまたすぐに散らかるな→掃除は疲れるなあ→この前は掃除をしても家族に文句を言われたな
などと、モチベーションが下がることばかりを思い出してしまい、やる気がなくなってしまうことがあります。

では、「部屋をきれいに掃除したらどうなるかな？」と未来を覗いてみましょう。
部屋を掃除する→部屋がきれい！→友達を家に呼ぶようになった→友達に男性を紹介された→お付き合いが始まった→素敵な彼と幸せ
という未来も十分に考えられるし、

部屋を掃除する→部屋がきれい！→家で過ごすことが楽しくなった→料理を始めてみた→料理の配信をYouTubeで始めた→人気YouTuberに！

なんて未来もあり得るわけです。

「素敵な彼とラブラブ」「人気YouTuber」の未来と「部屋の掃除」を結びつけると、部屋の掃除はめんどくさいことでも何でもなく、「幸せな未来への一歩」として捉えることができますね。

このように、未来の記憶から遡ってみると、「今できること」や「今やるべきこと」が見えてきます。

「でも、何をしたらいいかよくわからない」という方。

そういう方は、今できることややるべきことをしっかりキャッチしていく**「直感力」**と**「行動力」**を上げていきましょう。

なぜか気になる言葉、頭に残ったフレーズ、朝起きた瞬間に頭に浮かんだ単語などを、欠かさずメモしていきましょう。

すぐに行動できるものは、行動にうつします。

行きたいと思ったカフェに行く。

いつもと違う道で帰ってみる。

いつもとは違うジャンルの本を読む。

人から勧められた映画を観る。

あまり飲んだことがない飲み物を飲んでみる。

また、「イヤだな」と思っていることをやめてみることも大切です。

あまり気乗りがしない誘いは断る。

「やらなきゃ」という気持ちでやっていたSNSは、時間を減らす。

社会人として生きている以上、いろいろなお付き合いがあるとは思いますが、できる範囲で「自分にとって不要なもの」は切り捨てていきましょう。

自分の大事な時間は、自分の好きなことで埋めるようにしていきたいですね！

「頭で考えたこと」ではなく「とっさにひらめいたこと」を行動にうつす癖をつけることで、直感力と行動力は上がっていきます。

「頭で考えたこと」は脳内の3％を占める顕在意識で導き出したこと。

「とっさにひらめいたこと」は脳内の97％を占める潜在意識で導き出したことです。

ほんの小さな引き出しから導き出した答えより、膨大な倉庫から導き出した答えの方が、正しい答えを教えてくれているような気がしますよね！

とっさのひらめきは「え、こんなことして何になるの？」「これに何の意味があるの？」というような、「何だかわからないこと」が多いんです。

ひらめいたことすべてが願望実現への鍵になるわけではなく、中には本当に意味がないこともあるでしょう。

ただ、何がどんなふうに願望実現に繋がるかは、今の自分にはわかりま

せん。

3%の意識で判断するのではなく、

「まずはやってみる」ことが大切です!

「えい!」と勇気がいるような大きな行動だけではなく、「掃除をする」「本を読む」というような**ささやかな行動でも、未来を変えてくれる大きな一歩になってくれます。**

仏教で**「知覚動考」(ちかくどうこう)**という言葉があります。
「知って、覚えて、動いてから考える」という意味です。
「これはよさそう!」と思えるようなことを知ったら、すぐに覚えて、すぐに行動にうつしてみる。
そして、行動して実際に体験しながら、「やってみてどうだったか」「さらにこの先、どうしたらいいか」と考えるんです。

せっかくいいひらめきがあっても、**「知覚考動」**の順番だと、「うまくいくかな」「やっぱり難しいんじゃないかな」と考えているうちに行動できなくなってしまい、「知覚考考考考…」で終わってしまう可能性がありますよね。

「知覚動考」は「ともかくうごこう」と読むこともできます!
「止まっている人は止まり続けようとするし、動いている人は動き続けようとする」という**「慣性の法則」**もあります。

まずは、自ら動いてみる。
そこから現実に大きな変化が訪れます。

セルフイメージを高める

自分のセルフイメージは、自分が発しているエネルギーと直結します。

「私なんて」が口癖の人のところには、人もお金も寄ってきてはくれません
よね。

誰かに褒められたかったら、まずは自分で自分を褒める。そして、誰かを褒
める。

誰かに愛されたかったら、まずは自分で自分を愛する。そして、誰かを愛す
る。

世界が与えてくれるのを待つよりも、自分が先に与えてしまいましょう。

Work 2 〉 自分の毎日に、加点していく

人は皆、生きてるだけで100点です！

「今日は何もできなかった」「今日は失敗しちゃったな」とできなかったことを減点していくんじゃなくて、**何でもいいのでその日にできたことをプラスしていきましょう。**（「何でもいい」というところがポイントですよ！）

手帳やノートに書くのがおすすめです。

（例）「朝、きれいに髪をとかした。昨日よりまたきれいになった。プラス20点！」

　　　「ご近所さんに挨拶をした。プラス30点！」

　　　「新しい料理にチャレンジした。ちょっと味付けが足りなかったけど、次はうまくできそう。プラス50点！」

　　　「同僚にのど飴をあげた。プラス70点！」

　　　「台所の掃除をした。家を大切にしている私最高！　プラス100点！」

内容も、点数のつけ方も、何でも大丈夫！

「私は、自分のためにこれだけのことをしてるんだ」
「私は、意外と周りの人のためにこんなことをしてるんだな」

と、どれだけ自分が素敵なことをしているか、気付いてあげてくださいね。

大人になると、褒められることも少なくなりますよね。

「こんなこと、やって当たり前だし」と思うんじゃなくて、いつでも自分に100点をあげてください。

今日もちゃんと朝起きて、生きている。

それだけであなたは
素晴らしい存在なんですよ！

「願いを叶えた自分」で生きていく

Work 3 〉 **願いを叶えた自分のスケジュールは？**

では、未来の記憶から遡ってタイムスケジュールを作ってみましょう。

願いを叶えた自分なら、この時間をどう過ごしているかな？　という視点から、スケジュールを作成してください。

ワーク１の②で何となく過ごしてしまった時間を、未来の自分が喜ぶような、有意義な時間に変えていけるといいですね。

（例）読書の時間を増やす、入浴の前にストレッチをする、スマホを触る時間を減らして妄想の時間にする、毎日トイレをしっかり掃除する、など

6：00

7：00

8：00

9：00

10：00

11：00

8日目

12：00

13：00

14：00

15：00

16：00

17：00

18：00

19：00

20：00

21：00

22：00

23：00

24：00

1：00

2：00

3：00

4：00

5：00

事あるごとに、「今の自分」として行動しているか「願いを叶えた自分」として行動しているか、意識してみてください。

また、「叶わない」から「叶った」の方に意識を切り替えるために、チェックリストを用意しました。

・「望まないほう」や「今の現実」ではなく、「望むほう」に意識が向いて

いるかな？

- 「望まないほう」や「今の現実」ではなく、「望むほう」の妄想をしているかな？
- 口にする言葉も「望むほう」になっているかな？
- 「嫌いなこと」より「好きなこと」の方に意識が向いているかな？
- 「外で起きた出来事」よりも「自分の内側」（自分がどうしたいか）に意識が向いているかな？
- 「しなきゃいけないこと」よりも「したいこと」の方に多く時間を費やしているかな？
- 「欲しい」と思うよりも「ある」感覚を持っているかな？
- 「〜したい」を「〜する！」と言えているかな？
- 「これぐらい当たり前」じゃなくて「ありがとう」という気持ちを持てているかな？
- 今日、誰かをちょっぴり幸せにすることができたかな？
- 今日、自分のことを笑顔にできたかな？

人の脳は、ポジティブな方よりもネガティブな方に傾いてしまいます。また、今の現実は実際に体験しているために「まだ起きていないこと」よりも「今の現実」に意識が持っていかれてしまいます。

そこを、「願いが叶ったほう」「望むほう」に意識を向ける練習をしていく。

これも、意識することで習慣付けることができます。

願いが叶った方向に意識を向け、願いが叶った自分として動くことで、自分のエネルギーは変わっていきます。

エネルギーは、同じものと引き合うのでしたね。

自分が「不安」なエネルギーになっていると、また不安を感じるような現実がやってくるし、自分が「愛されている」エネルギーや「豊か」なエネルギーになっていると、その通りの現実がやってきます。

自分がそのエネルギーになることで、いやでも叶ってしまうんです。

さて、次回はいよいよ最終回です！

「願いを叶えて幸せな人生を送っていく」という最終目標を、確実なものにしていきましょう！

ポジティブ

どうせ叶うから、大丈夫、大丈夫〜 zzz

〈9日目〉

目的は「妄想が上手になること」じゃなくて「幸せな人生を生きていく」こと

この本のゴールは、「妄想が上手になること」でも「願いを叶えること」でもありません。

妄想が上手にできるようになっても、行動が追いついていなければそれはただの妄想で終わってしまうし、願いを叶えたからといって、幸せが保証されるわけではありませんよね。

辿り着いて欲しい本当のゴールは、「毎日を幸せに生きていくこと」なんです。

最悪の未来も体験してみる

では、早速今回のワークを始めましょう。

Work 1 > 自分にとって最悪の世界を思い浮かべる

えっ！？ 幸せに生きていくことがゴールなのに、最悪の世界を思い浮かべるって！？ とびっくりした方もいるかも知れませんね。

大丈夫、数回思い浮かべただけでは、それは現実になるほどの力を持ちませんから、安心してください。

そして、**自分にとっての「最悪」を思い描くことで、それがプラスのパワーになることもあるんです。**

① **今、叶えたい願いは何ですか？**

(例)結婚、彼の恋人になる、月収100万円、体重○○kg、作家になる、など

② **その願い事が叶わなかったら、どうなると思いますか？**

(例)ずっと一人で生きていく、親に「早く結婚しなさい」とうるさく言われる、
　　友達の中で一人だけ恋人がいない、欲しいものを我慢する生活、着たい服
　　を着れない、したくない仕事をする、など

149

③ では、その願いが叶わなかったことによるメリットは
　何でしょうか?

（例）一人の時間を満喫できる、お金を自由に使える、友達との時間が増える、
　　　安定した生活がある、など

④ その願いが叶わなかったことによるデメリットは?

（例）一人で寂しい、老後が不安、病気になった時が心配、夢を諦めなきゃいけ
　　　ない、など

⑤ 願いが叶わなかった時に考えられる、最悪のシナリオは?

（例）困った時に誰も頼れる人がいない、体調が悪くても病院に行けない、誰も
　　　女性扱いしてくれない、食べていくこともままならない、など

⑥ では、願いが叶ったらどんなデメリットがあるでしょうか?

（例）親戚付き合いが増える、一人の時間が減る、お金を自由に使えなくなる、
　　　お金の管理が大変になる、人から嫉妬されてしまう、など

⑦ このワーク最後の質問です！
願いが叶ったらどんな嬉しいことがあると思いますか?

（例）好きな人に愛されて幸せな日々、家族が増える、経済的な安定、人から羨
　　　望の眼差しで見られる、など

**さて、願いが叶わなかった時のメリットとデメリット、そして願いが叶っ
た時のメリットとデメリットを見てきました。**
願いが叶わなかった場合はどんな最悪な未来が待っているかも、ちらりと
覗いてみましたね。

願いが叶った最高の世界と、叶わなかった最悪の未来。
その世界の自分に乗り移ったつもりで、体感してみてください。

最悪な未来はどうだったでしょうか?

絶対、絶対、こんな未来はイヤですよね。

では、最高の未来を体感してみましょう。
ここには、笑顔に溢れ、大切な人たちに囲まれているあなたがいます。

選択権を持っているのは、あなたです。

「どっちに行くんだろう」と選択権を現実任せにするのではなく、あなたが
しっかりと決めてくださいね！

それでは、イメージしてみてください。
あなたは今、「最高の未来」と「最悪の未来」の分岐点に立っています。
「最悪の未来」に続く道のりは、暗く、険しい道のりです。
では、「最高の未来」に向かう道を眺めてください。

どんな風景が見えますか？
きっと、自然に溢れ、賑やかな笑い声も聞こえてくるような、楽しい道のり
のはずですね。

「何の障害もなく、楽しそうな道が見える」という方は、そのまま最高の未
来へと進んでいきましょう。
**「障害物のようなものがある」「途中で、何やら壁のようなものが見えてし
まった！」**という方も大丈夫！
その壁は、あなたの潜在意識に潜んでいる不安や恐れかも知れません。

願いが叶うまでの道のりに壁があるなら、ハシゴをかけてひょいと乗り越えるか、何か道具を使って壊してしまえばいいんです。

壁に扉を取りつけて、簡単に向こう側に行ってしまうのもいいですね。

これで、邪魔をするものは何もありません。

イメージの中で簡単に壁を乗り越え、最高の未来へと続く道のりを進んで行きましょう。

きっと現実でもその通りに、最高の未来までスイスイと歩んでいけますよ。

「今この瞬間」を楽しむ

ここまで、「妄想してください」と書いてきた私ですが、いつもいつも「妄想しなきゃ！」と頑張る必要はありません。

「今」を思いっきり楽しんでいる時や、「今」目の前にあることに集中している時は、今自分がしていることに意識を向けてください。

9日目

Work 2 ＞ 今この瞬間に集中する

願いを叶える上で、邪魔をしてくるのは「どうせ叶わない」と否定してくる自分の中の思考や、つい今の現実を見つめてしまう、現状維持システムです。

あなたが何かに熱中している時間は、今目の前のことに意識が向いているので、思考が止まっている状態にあります。

思考が止まっている＝引き寄せる力も止まる、ではなくて
思考が止まっている＝否定的な思考が止まる、ということになるので、引き寄せる力は高まっているんです！

自分が好きなことをしている時や、大事な仕事中は、安心して目の前のことにエネルギーを注いでください。

 あなたが時間を忘れるほど、熱中できること、
好きなものは何ですか？

（例）映画を観ている時、本を読んでいる時、ゲームをしている時、トレーニングをしている時、手芸をしている時、料理をしている時、ペットと遊んでいる時、など

願いを叶えるためのチャンスは、「引き寄せよう」「願いを叶えよう」と頑張っている時ではなく、**ふっと肩の力が抜けてリラックス**している時や、**別の何かに熱中している時**こそ現れるものです。

「頑張らなきゃ願いは叶わない」「頑張り続けないと幸せはやってこない」という思い込みは捨てて、「今この瞬間を楽しむこと」も大事にしてくださいね。

日常にも奇跡は転がっている

「願いが叶ったら幸せになれるのに」
「あーあ、誰か私を幸せにしてくれないかな」
「どうしたら幸せになれるんだろう」
こんなセリフが口癖の人はいませんか?

もしも、「ついつい言ってしまう…」「つい思ってしまうことがある」という方は、今すぐ

「私は幸せ」
「世界は私を幸せにしたくてしょうがない」
という口癖に変えてしまいましょう!

4日目に、「自分と誰かを、幸せにする」というワークが登場しました。
幸せは、誰かが与えてくれるものではなく、自分の心が生み出すものです。

日常の幸せを拾うように、日常の奇跡にも気付いていきましょう。
「毎日つまらないな」
「何か楽しいことないかな」
が口癖の方は、

「何だか楽しいことばっかり起きる！」
「奇跡って簡単に起きるなあ！」
という口癖に変えていきましょう。

願いが叶うまでの道のりには、数多くの奇跡が訪れます。
夫との出会いも、「あの日、あの場所にバイトの面接に行かなかったら」叶わなかったものでした。
「本なんてどうやって出したらいいの？」と何一つわからなかった私ですが、今は多くの編集者さんや出版社さんとの繋がりができています。
「ここに旅行したい」「これが欲しい」と思っていると、新しい仕事が舞い込んできたり、アイデアが生まれます。

自分では思ってもみないような形で願いが叶うことも多くあり、「奇跡のようだ」と感じることもありますが、奇跡が起きるのを待つんじゃなくて、自分から奇跡を起こしてしまいましょう。

日常にも、奇跡は転がっています。

時計を見たらゾロ目だった。

買い物をしたら合計金額がゾロ目だった。

目的地に着くまで、青信号ばかりだった。

駅に着いたタイミングでちょうど電車が来た。

雨の予報だったのに、外にいた時は降らなかった。

誰かのことを思い出していたら、ちょうどメールが来た。

何かを食べたいと思っていたら、次の日おすそ分けしてもらった。

**これらを「ただの偶然」と捉えるのではなく、「すごい！　奇跡だ！」と喜ぶ
ことで、「奇跡ばかりが起きちゃう体質」に変わっていきます。**

9日目

Work 3 〉 日常の奇跡を拾っていく

今日、どんな奇跡を体験しましたか？

前回、「人は、生きてるだけで100点！」というお話もしましたね。
本当は、生きてるだけで奇跡の連続なんです。

目が見えて、耳が聞こえる。
手足が自由に動く。
食事を味わうことができる。
空気を大きく吸い込むことができる。
家族が毎日帰ってくる。
住む家がある。
友達にいつでも連絡できる。
毎朝目が覚める。

これらを「当たり前」と感じられることが、もうすでに奇跡なんです。

そうは言っても、「当たり前」ではない「非日常」を体験したい時もあります
よね。

ディズニーランドのエントランスゲートをくぐった瞬間や、高級ホテルのロビー。

空港の出発ゲートや、ライブ会場に入場する瞬間。大好きな人との待ち合わせ場所。

これらの場所は、ワクワクのエネルギーに溢れていますね。

こういった特別な場所だけじゃなく、**日常でもさまざまな場所を"ワクワク"で満たしてしまうんです。**

私はときどき、こんなこともしています。

娘の習い事であるスイミングスクールに入った時や、授業参観の日。

しょっちゅう行っているスーパーやコンビニに入った瞬間。

これらの場所も、「うわあー！　嬉しいー！」と、まるでディズニーランドに入場したかのようなテンションで入るんです。

だって、考えてみてください！

私か娘が病気かケガをして、スイミングスクールに通えなくなったら。

長期入院することになって、スーパーやコンビニに行けなくなったら。

当たり前にあった日常がなくなってしまったら、とても辛いですよね。

当たり前にあるものを「失ってから」じゃなくて「ある時から」幸せを感じていきましょう。

こう考えると、いつも行っているスーパーに入る時も「うわあー！」というテンションで入りたくなっちゃいますよね？

私は、自宅の仕事部屋に入る時も「よっしゃあ！　今日も文章が書ける一！」と喜びながら入り、寝室に入る時も「大好きなお布団だー！」とスキップしながら入り、トイレに入る時も、行きたい時にトイレに行ける幸せを噛み締めながら入っています。

ただ、「いつもこんな感じでテンションを上げていないといけない」というわけではないので、誤解しないでくださいね！
体や心が疲れている時は、無理しない。
でも、ちょっぴり楽しい気分の時は、もっと楽しくなれるように振舞ってみる。そんなことを心がけてみてください。

日常をより輝かせることができるのは、自分です。

幸せは、特別なイベントがあった時だけじゃなく、日常にこそあります。

「ある」を感じているとますます与えられる

潜在意識は、自分と同じエネルギーのものをまた引き寄せるのでしたね。
「欲しい」と思っていたら、「欲しい」と思い続ける状況を叶えるために、「ない」現実が続いていきます。
「愛されたい」と思っていたら、「愛されたい」と思い続ける状況を叶えるた

めに、「愛されない」現実が続いていきます。

「ある」と感じていたらますます与えられ、「ない」と感じていたらますます奪われてしまうんです。
「欲しい」と欲張るのもいいし、今ここにないものを欲しがるのは、人として自然な感情です。
ですがここで、「ない」と感じながら欲しがるのではなくて、今自分に「ある」ものに幸せを感じながらも、**「さらにこれがあったら、私はもっと幸せだな～」**と願っていきましょう！

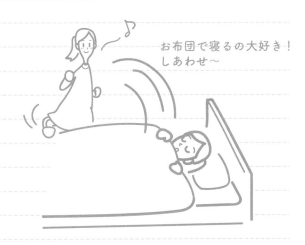

お布団で寝るの大好き！
しあわせ～

Work 4 〉「ある」「いる」「持っている」に気付く

恋を叶えたい方は、人間関係を見つめ直してみましょう。

「まだ、好きな人との恋は叶っていない」かも知れないけど、大切な家族や
友人がいるなら、その人々の顔を思い出しながら「いてくれて良かったな」
「出会えて嬉しい」と感じます。

① 今、あなたの周りからいなくなったら困る人は誰ですか?

（例）家族、友人、好きな人、会社の同僚、お世話になった先生、好きなアーティ
ストなど

② その人たちが、あなたにしてくれたことはありますか?
どんなことをしてくれましたか?

（例）落ち込んでいる時に励ましてくれた、食事に誘ってくれる、誕生日にプレ
ゼントをくれた、素敵な作品を届けてくれる、など

③　では、あなたがその人たちにしてあげられること、
してあげたいことは何でしょうか?

（例）手紙やメールでありがとうを伝える、記念日にプレゼントを贈る、面白い
本や映画を紹介する、落ち込んでいる時に一緒に過ごす、など

友達や家族と話している時に「ああ、今目の前にいるのが彼だったらな」と
今目の前にいる人をおざなりにするのではなく、今、自分の目の前にいる
人や、自分の近くにいる人のことを大切にしてくださいね。

今、目の前にいない人を求めてしまうのは、ただのないものねだりです。
ないものねだりからは、不足のエネルギーが出ています。
自分から不足のエネルギーが出ている限り、常に「もっとこうなればいい
のに」と不足を感じる現実が続くので、心が満たされることはありません。

また、好きな人に求めるエネルギーも、「こうなって欲しいのに、今はない」
という不足のエネルギーになってしまいます。
あなたが、あの人を好きになった。

本当はそれだけで、あなたは十分
好きな人から与えられているんです。

あの人が与えてくれているものを、もう一度思い出してみましょう。

 ④ 好きな人があなたに与えてくれているものは何ですか?

（例）人を好きになる感情を教えてくれた、楽しそうな笑顔、ときめき、同じ職
　　　場にいるから仕事が楽しくなった、目が合った時の幸福感、など

「こんなことを体験してみたいけど、まだない」という場合は、そう！　妄
想があるじゃないですか！
現実で彼が与えてくれているものを見つめながら、まだ実際にないものは
妄想の中で、存分に自分自身に与えてあげてください。

では、もう一度おさらいしてみましょう。

 ⑤ 好きな人にしてもらいたいことは何ですか?

（例）優しく抱きしめられたい、「好き」と言われたい、毎日メールが欲しい、職
　　　場で「彼女」と紹介されたい、など

あなたが好きな人にしてあげたいことは何ですか?

（例）料理を作りたい、いつも笑顔で接したい、マッサージをしたい、癒しの存在になりたい、など

⑦ **好きな人と一緒にしたいことは何ですか?**

（例）美味しいものを食べに行きたい、花火大会、キャンプ、沖縄旅行、結婚、など

たくさん書くことができましたか?

ここに書いたものを、現実になるのを待つのではなく、妄想の中で積極的に叶えてくださいね!

「ただの妄想」で終わらせず、現実になるか否かは、あなた次第です。

ここまで読み進めてくれたあなたなら、きっと大丈夫。

9日目

必ず現実のものになると信じてください。

幸せは願いが叶った瞬間だけの一時的なものじゃなく、ずっと持続させるものです。

ダイエットをして「一日だけウエスト60センチ」になっても意味がありませんよね。

ウエスト60センチのナイスバディを保ち続けるように、ずっと幸せを感じられる自分でいることが大切です。

まずは、自分の望みをしっかり知る。
妄想は「見ようと頑張る」のではなく「感じる」。
妄想してる時間だけではなく、日々の習慣や行動も変えていく。

この繰り返しで、願いは必ず叶います。

そして、しっかりと幸せを感じてください。

また新たな夢が芽生えたら、また妄想の世界に旅立ちましょう。

もしかしたら今は「現実が辛くて妄想の世界だけが幸せ」かもしれないけど、現実も妄想と同じくらい幸せ…いえ、妄想以上に幸せな現実がやってきます。

本書はこれで終わりますが、またどこかでお会いしましょうね！

著者略歴

かずみん

1978年、京都府生まれ
アメブロ公式ブロガー

スピリチュアルや自己啓発とは全く縁のない生活を送っていたが、
奥平亜美衣さんの著書に出会い、2015年より引き寄せ、
潜在意識の世界に足を踏み入れる。
自分自身も無意識のうちに、引き寄せの法則を使ってさまざまな成功を収めて
いたことに気づき、その体験をブログ「妄想は世界を救う。〜妄想万能説〜」に
書き始めたところ、「等身大でわかりやすい」と支持を得て、
にほんブログ村 哲学思想ブログ「引き寄せの法則」ランキングの
上位常連ブロガーとなる。

著書に
『ありえない「妄想」でお金も恋も引き寄せる！』(秀和システム)
『あほスイッチ！』(ダイヤモンド社)
『「頑張らない」で引き寄せる！』(ダイヤモンド社)
『マンガでわかる「引き寄せの法則」　かずみんスタイル』(ビジネス社)
『妄想は現実になる』(ビジネス社)
『妄想レッスン』(廣済堂出版)
『無限にお金を引き寄せる妄想の法則』(日本文芸社)などがある。

オフィシャルブログ「妄想は世界を救う。〜妄想万能説〜」
http://ameblo.jp/kazuminhappiness/

装丁／冨澤 崇（EBranch）
表紙イラスト／並木ヒノ
本文イラスト／滝本亜矢
校正協力／あきやま貴子
編集／小田実紀
DTP ／ a.iil《伊藤彩香》

9日間 書き込み式
妄想→現実化 notebook

初版1刷発行 ● 2021年2月15日

著者
かずみん

発行者
小田 実紀

発行所
株式会社Clover出版
〒162-0843 東京都新宿区市谷田町3-6 THE GATE ICHIGAYA 10階
Tel.03（6279）1912　Fax.03（6279）1913　http://cloverpub.jp

印刷所
日経印刷株式会社
©Kazumin 2021, Printed in Japan
ISBN 978-4-86734-010-3　C0011

本書の内容に関するお問い合わせは、info@cloverpub.jp宛にメールでお願い申し上げます